定年後ヒーロー

スピリチュアル系元国連職員&在日宇宙人
萩原孝一

みらい PUBLISHING

プロローグ

「在日宇宙人応援隊・よしだけんいち」

プロローグ　コロナに思うこと

おお〜、なんとこの本をお手にしてしまいましたか！

定年後ヒーローって何？　私の肩書き「在日宇宙人」は気持ち悪すぎる！　ごもっともです。でも意味不明なタイトルに訝しさを感じながら、この本を手にしたアナタは間違いなく「変人」です。もしかすると「変態」。失礼！　でもこれ私の最大級の褒め言葉です。

お待ちしていたのです、ア・ナ・タを。何故って、変態、つまりアナタが地球を救うからです。

どうやって？

それを、これから約2時間かけてお話いたします。途中でご自身の身体に不思議な化学反応が起きることを受け合います。後悔はさせませんから、最後まで読み進んでみて下さい。

（ここで一回深呼吸をお願いいたします。しばらくは細くて長くて深い呼吸を続けて下さい）

プロローグ

本年（2020年）初頭のアメリカとイランの衝突が開戦に至らなかったことは幸いでした。世界中のメディアが第三次世界大戦の始まりか、とまで報じたほど危ない状況でした。私は国際連合という様々な人種が交差する職場で長年働いていたためか、国際的危機にはとても敏感です。現在の世界の有様を冷静に俯瞰すれば、いたる所にきな臭い状況があり、大規模な戦争にまで及んでしまいそうな気配が満ち満ちています。

人類共通の敵、深刻な「環境問題」を脇に置いてまで、自国の繁栄や防衛に全身全霊が注がれているのが現在の世界情勢です。

主に核戦争と気象変動の二つの危機を考慮した「人類終末時計」は、2020年1月「残り100秒」と過去最悪となりました。(1) 北朝鮮の核開発の脅威にアメリカとイランの摩擦が加わった結果です。

そこに突如登場したのが新型コロナウイルスです。このウイルスに関してはその出所などを巡って様々な解釈や憶測が飛び交っています。陰謀論も含めて人類史上でも滅多にないオール地球ベースで喧々諤々の論争が続いています。

この項を書いている時点（2020年7月10日）ではまだまだ収まる気配がないので迂闊なことは申し上げにくいのですが、私の基本的な考えは以下の通りです。

かつての黒死病やスペイン風邪などの凶暴さと比較すると、とても穏やかなウイルスのような気がします。だってコロナですよ。コ・ロ・ナの3文字を合わせると「君」になるって粋じゃないですか。宇宙の配剤としか思えません。

極論を申し上げると、今回の大騒ぎは死亡率がかなり低い伝染病が人類の死因として一つ加わっただけのことです。すでに自明の理となりましたが、人類はこれまでと同様に、この新しいウイルスとも共存する道しか残されていません。今回どれだけの人命が失われるかに関わらず、それだけは断言できます。

ですから、個人的には世界中がここまで過剰に反応することにとても違和感を覚えるとともに、このコロナ禍の裏にある不気味な存在を感ぜずにはいられません。

確かに現時点で世界中で60万人以上の死者を出しているので大惨事に違いはありません。ほとんどの国では人命第一主義に基づき、ロックダウンや経済活動を一斉にストップするということを優先してきました。

その中にあって、日本政府は医療崩壊を防ぐという名目で緊急事態宣言を発令し、広く国民に外出自粛を要請しました。諸外国に比べるとあくまでもお願いベースの緩い対応にも関わらず、日本人が一斉に外出を控えたことは評価に値すべきことです。その結果、どの主要国よりも死亡者数が少なかったことは諸外国の脅威の的です。

しかしこのつけは計り知れないものがあります。4カ月も経済活動を止めてしまったわけですから、かつての大恐慌やリーマンズショックを凌ぐ世界的な大不況がやってくることは間違いありません。

あまり想像したくはありませんが、おびただしい数の企業が倒産に追い込まれ、工場が操業停止となり、失職者が街にあふれ、犯罪が多発し、生活が成り立たなくなった人々の多くが自死の道を選んでしまう、というシナリオは極めて現実的です。

私が心より愛するアフリカがどうなってしまうのか、居ても立ってもいられません。アフリカは元々超えなくてはならない問題が山積みの上に、このコロナがもたらす影響はさらなる貧困をもたらし、アフリカ全土が混乱の渦に巻き込まれる可能性は大です。

このウイルスは今のところ世界中をさらに分断しています。外国への移動は禁止され、貿易も中断し、各々の国は自国のことで精一杯で他国のことまで思いを馳ることはできません。危険なナショナリズムに拍車がかからないことを願っています。

コロナ禍は、中国のような管理社会を次から次へと生み出していくでしょう。人々の言動や行動の自由が妨げられる、とても嫌な時代の到来が予想されます。

最悪のシナリオは際限なく続きますが、それではあまりにも絶望的なので、少し明るい角度からも検証してみましょう。

コロナがもたらした激震は、世界中の「いつもの日常」を完全に覆すに十分でした。それまで当たり前であったことが決して当たり前ではないということ。昨日まで遠い外国で起きていた他人事が、今日は自分事になるということ。

人類がこれまで一生懸命築き上げてきた社会制度がこのままでは持たないと気付かされたこと。このまま分断の勢いが続くと、きっと大きな戦争にたどり着いてしまうこと。

このウイルスによって人類はとても大切なことを学習しました。

本当は分断から統合への絶好のチャンス到来のはずなのです。人類史を変えるかもしれないほどの出来事が２０２０年宇宙元年、しかも東京オリンピック・パラリンピックが予定されていた年に起こったことは偶然ではありません。

なんとか人類の英知を結集し、一刻も早く安全で有効な手段を見出し、このウイルスを静めて欲しいものです。その上でコロナウイルスとも共存し健全な経済活動を維持する時代を期待しましょう。

ワクチンに関しては様々な意見があり「何が入っているかわからないものなんか絶対に打

ちたくない」と言い切る友人も沢山いますが……。

(呼吸が浅くなっていませんか？　もう一度深呼吸をお願いいたします)

私の目の前に大きな世界地図があります。

今回のコロナ騒ぎを初めとする人類の窮状を救える国がこの地上にあるとしたら、それは日本以外にはあり得ないと結論付けています。その任にふさわしくない国を1カ国ずつ消去していくと最後に残るのはヤッパリ日本です。

その日本が今チョット辛い状況にあります。

国民の3人に一人が65歳以上という老人大国ニッポン。その数ざっと4000万人。実に、ケニアやアルゼンチンの総人口以上に匹敵します。

寝たきり老人の数300万人。認知症700万人。(2)日本の還暦以上の5人強に一人という絶望的な数字です。老老介護が問題となっていますが、もうすぐ認認介護の時代がやってきます。認知症同士が介護をする現場を想像できますか。滑稽なことも起こりそうですが、実情は「地獄」そのものです。

世界と比較しても日本の老人たちの元気のなさは際立っています。

このままでは日本は沈没し、それは世界の沈没を意味するはずです。

別の見方をすれば、人類未来のキャスティングボードは日本では「老人」と定義されている人口グループが握っているということです。もう一度日本の老人が光り輝くチャンスがあるということです。コロナショックはこれからの老人の在り方を根底から変えることは間違いありません。

そもそも「老人」という言葉が良くないです。ここからは「熟年者」と言葉を改めます。

日本では定年退職すると、多くの人は急にやる気を失ってしまい、自ら「過去の人」というレッテルを貼ってしまいます。働き詰めの生活から解放され、図書館通いやそば打ちを始めたいという心境は理解できます。

でもチョット待っていただきたいのです。まだまだ体力も気力も残っているのであれば、そのような「隠居生活」が本当にこれから死ぬまでやりたいことなのでしょうか？　考え方やり方次第で「熟年者」の出番が、つまり世の中に大きく貢献できるとしたらどうでしょうか?

日本の定年組が人類を救うというシナリオは大いに可能です。「アベンジャーズ」のようにヒーローになれるチャンスを終活にしたらもう100%元気を出すしかありませんね。

そのキーワードとして、私は「在日宇宙人」を選んだ次第です。

「在日」にはこの国では特別な意味合いがあります。この言葉は今までのところお隣の2カ国御用達です。「在日」がいつから一般的に使用され始めたかは不明ですが、戦後70年間日本はこの言葉に翻弄されています。これ以上この言葉に必要以上の意味づけを続けるのは止めましょう。日本に存在する生きとし生けるものはすべて「在日」でイイじゃないですか。

「宇宙人」の方は少し説明が必要ですね。

現在この星には77億の人類が生息しています。その大多数が世界平和を望んでいるはずですが、残念ながら人類の近代史はまさに血塗られた戦争から戦争への連続です。何故でしょうか。

世の中には沢山の反戦運動や平和運動が展開されていますが、ずっとこのまま「私は中国人」「私はフランス人」「私はイラン人」「私はアメリカ人」「私は日本人」などと言っている間は77億人レベルの恒久平和はやってこないような気がするのです。

この77億人のルーツを克明に調べ上げることができたとしたら、きっと全員どこか別の星から来たに違いないと思うのです。やや乱暴な思い込みであることは重々承知です。多くの異論があって然るべきです。

しかし、

もしその前提が正しいとするならば、この瞬間日本列島という小さな島国で肩よせながら生きている1億2500万の人類は、その肌の色、属している国、信じる神様の違いなどに関わりなく、押し並べて「在日宇宙人」と称されてイイのではないでしょうか。

本来は「在アース」あるいは「在地球宇宙人」であるはずですが、まずは世界平和の旗頭と期待される日本を整えるということで敢えてこのネーミングとなりました。

日本の「熟年者」が「在日宇宙人」のリーダーとして活躍し、人類存亡の危機を救うというシナリオに賭けてみませんか。

2時間後にアナタの目に光が灯ることを期待しつつ、話を始めます。

(1) 2020年1月23日 米雑誌「原子力科学者会報」(BAS)

(2) 2015年厚生労働省統計より

第2章　定年男子よ、セクシーであれ！ 55

第4章　定年後ヒーローよ、日本を復活せよ！　109

第5章　定年後ヒーローよ、人類を救え！　129

エピローグ

第1章

定年男子よ、立て！

「在日宇宙人応援隊・
筆文字セラピストたんたん」

クラス会から見える日本の問題

「あれから50年！」まさに綾小路きみまろの世界がそこには広がっていました。ここ2～3年、高校のクラス会があまり愉しくありません。我が母校は、今や東京大学合格者高校別ランキングで一桁に入る全国有数の進学校なのです。その高校で私は間違いなく落ちこぼれでした。当時の私はクラスの眉目秀麗で頭脳明晰な級友たちに大きな引け目を感じていました。クラスのほとんどが有名一流大学に進学する中、私がようよう受かったのはその他多勢的扱いの大学でした。そのころは「駅弁大学」と呼ばれていました。ですから、クラス仲間には、私にとって生涯眩しい存在でいて欲しいという嫉妬とも願望ともつかない思いを抱いていたのです。


とりあえず、今年もクラス会に行って参りました。

やっぱり愉しくない！

全員今年中（２０２０年）に古稀を迎えるとはいえ、元気のなさがとても気になります。

第一声が小さい！　なんであんなにぼそぼそと話すのか！　まるで爺さんそのものです。

思い出話に花を咲かせるのはいいでしょう。でも、年に一度のたった2時間余りの集いです。「お前は今、何をして、これからどう生きようとしているのか？」を知りたいではないですか。

年寄りの集まりはテーマが3つに絞られると言われます。正にその通りのことがクラス会でも起こります。まず病気自慢、その次に年金、最後は孫の話。好々爺ぶりは結構。でも「愉しみは孫の成長だけ」は頂けません。「他にやることはないのか？」と大声の一つも出したくなります。

1960年〜70年にかけての学園紛争の記憶が遠い彼方に行ってしまいました。あれほど何かに取り憑かれたように熱くなっていた若人たちは今何処。いつどこで、この世代の牙は抜かれてしまったのでしょうか？

あの紛争で青春エネルギーを使い果たし、その後は名曲『いちご白書をもう一度』よろしく長髪をバッサリ切って「企業戦士」という名の「社畜」に変身し、会社のため文字通り必死に働いて、ようやく定年という安住の時を迎え、体の効く人はボランティア活動などに励んでいるというのが現状です。

クラス会ではお約束の近況報告タイムがありました。どいつもこいつもクソ面白くない話ばかり。むにゃむにゃ話すので何を言っているのかもわからない。だから誰も聞いていない。イライラが頂点に達したころ、私の順番が来ました。

悪い癖が出るのです、こういう時に。止めておけばいいのに、「俺たち団塊の世代に安らぎの場所も時間もない。どうだ、もう一度この世代が立ち上がって、人類の危機に立ち向かってみないか」などと訳のわからないことを言ってみたら、案の定ドン引きでした。

日本は何処へ

困ったことですが、私にはこのままの世界情勢が続くとしたら、人類終焉の時が遠からずやってくるという確信めいた思いがあるのです。

世界中がコロナ渦一色となり、もはや東京オリンピック・パラリンピックどころではなくなりました。これから経済的にも苦境を迎えることは間違いありません。いつまでこの閉塞感が続くことか誰も予測できません。

かつて世界の脅威と恐れられた日本経済はその勢いを急速に失い、隣国たちに陵辱され、国際的には影の薄い存在に成り下がっています。しかも、日本の幸福度は世界レベルでは62位（World Happiness Report 2020）というにわかには信じがたい評価を国連の調査が下しています。

その大きな要因の一つは、急激な少子高齢化であることは間違いなさそうです。間もなく国民の3分の1が65歳以上という特殊な人口動態の中で、「熟年者」の居場所がなくなっていくという哀しい事態。

日本人の平均寿命が過去最高となりました（2018年現在）。男性は81・25歳、女性は87・32歳。いずれも香港に次いで世界第2位です。(3)かかる状況下で65歳からを「老人」とするのはもはや変です。そう決めた当時の日本人の平均寿命は68歳でしたから、65歳以上は余生だというのは理解できます。

今や人生100年時代。いつまでも65歳を老人のボーダーラインにしているのは異常です。平均寿命を下回っている人を年寄り扱いすることは失礼です。

周りから「おじいさん」「おばあさん」と呼ばれると脳は勝手に勘違いをし、そろそろボケないといけないかな、などという思い込みに取り憑かれ、その結果、本当に認知症が忍び寄ってくることはあります。クラス会で私が最も危惧するのはこの点です。

経産省の報告によれば、定年退職後に定職に就く、あるいはアルバイトをする割合はわずか30％であり、残りの70％はほぼ自宅でジッとテレビを観て、「余生」を過ごすということです。

寝たきり状態が世界一長い国であり、認知症予備軍も世界最大の比率を誇っています。すでに、いろいろな局面において熟年者が社会のお荷物化していることは明らかです。

「いったいこの先ニッポンはどこへ行く〜？」

ここは大胆な発想が求められます。そもそも熟年者が社会のお荷物扱いにされたり、生活に窮しているような国に明るい未来が待っているはずがありません。

長い間家族のため、会社のため、社会のため、お国のため、寝る間も惜しみながら、血尿を出しながら頑張ってきた人々に安らぎの時を与えられない国のどこが先進工業国なのでしょうか

今の日本があるのは名もなき先人たちが頑張ってくれたお陰です。ただもう時代が異なり

ます。いまだに「寝てない自慢」や「仕事が溜まっている自慢」をするサラリーマンが沢山いますが、それはもはや勘違い以外の何物でもなく、単に段取りや時間の使い方が下手と公言しているようなものです。「企業戦士」として自分は「仕事ができる人」感を演出しているだけです。「粉骨砕身」「モーレツ社員」は死語となり、高度経済成長時代の株式会社ニッポンの担い手は遠い過去のお話です。

日本人の死生観

寝たきり老人の比率が世界レベルではダントツに高いという悲しい現実。2050年には300万人以上に達すると予想されています。これは欧米各国にはない現象です。その原因は、妙な物言いですが、この国では死期を迎えているのになかなか死なせてくれないからです。つまり、過剰な延命治療が行われているからです。

欧米には、医療設備や老人ホームなどに寝たきり老人はほとんどいないそうです。例えばスウェーデンでは、高齢者が自分で物を食べることができなくなった場合、点滴や胃瘻などの処置は行われません。

このような人工的な処置によって高齢者を生かし続けることは、生命への冒涜と考えるからです。虐待に近い、というわけです。つまり、人間は自力で生きることが出来なくなったら、自然に死んでいくべきだという死生観です。

日本はその逆で、どんなことをしてでも生かそうとします。たとえ植物状態になって呼吸しているだけでも、生きている方がいいと考えます。

一概にどちらが良いかは決められない難しい問題です。

日本には「死」に対する独特の文化があります。死は忌み嫌うもの、恐ろしいもの、悲しいものという固定観念がとても強い国民性があります。葬式には「清め塩」が付きものということは、死は不浄とさえ考えられています。

人が人として生まれてくるのは、年末ジャンボ宝くじ一等に連続数万回当たるという超天文学的確率と言われています。

であれば、生まれる時は「イイこと」で死ぬ時は「ワルイこと」と決めつけるのはおかしいです。始まりも終わりも祝福されてしかるべきです。

人には生まれる時に決められた「寿命」があります。寿命は長い人もいれば、短い人もいます。人生は、例えれば地球というとても愉しげな遊園地に束の間紛れ込んでしまったようなものです。

遊園地の入場券が一日券か一カ月券か一年券かその程度の差です。短くても長くてもシナリオ通りです。遊園地では目一杯無邪気に遊んで愉しむかが肝心で、どれだけ長く滞在したかは大した問題ではありません。

これは流産や死産で「この世」に誕生する前に「あの世」に逝ってしまった胎児も同様です。超短時間チケットを手にあっという間に遊園地を巡って疾風の如く退園しただけです。とても潔のよい魂のなせる技です。

今世で与えられたシナリオは十分に演じきったはずです。人生半ばで終わってしまった命などあった試しがありません。

だから肉体に宿った魂が一刻も早くあちらの世界へ行って愉しくやりたいのに、日本の名医たちがこれぞ医者の技量の見せ所とばかりに、懸命に延命治療に励んでいます。

愉しく生きるだけ

誕生の「誕」の字の第一義はうそ・いつわり、でたらめという意味です。まさに誕生から平均80年あまりの「生きている日々」はでたらめなのです。一方、人が死ぬ日を「命日」と呼びます。人は死んだ時に本当の命が宿るということです。

ですから、死ぬことは決して怖いことでも悲しいことでもありません。今回の人生を卒業して、本来の居場所にもどるだけのことです。日本には人の生き死を軽々しく扱わないという素晴らしい文化がありますが、その真面目さゆえに「死」を重々しく捉え過ぎているのではないでしょうか。

「ちょっと死んでくる」程度の軽さでイイと思います。実は生死にはそれほど明確な境界線がないのです。ただ循環しているだけのことです。

人はなぜ死ぬのでしょうか？　答えは「生まれてしまったから」です。人はなぜ生きるのでしょうか？　その答えも同じです。

生まれることは死ぬこと。

死ぬことは生まれること。

本当の「命」とはそういうものです。

死に対する考え方が変われば、もう怖いものなしです。その日が近い年長者もとても気楽に愉しく生きられるのではないでしょうか。

愉しく生きる！

それこそが老後を元気に生きる鍵であり、認知症撃退の最高のサプリメントです。日本の熟年者の経験、知恵、技術、財力が「年寄り」というだけで葬り去られようとするならば、それはとても野蛮なことです。

熟年版アベンジャーズ

日本の熟年者がどれほどの「資源」かは、戦後70年の激動の時代を振り返れば一目瞭然です。日本の飛躍は人類史の奇跡と言っても言い過ぎではありません。その下支えをしたのが、現在「老人」と呼ばれ、ないがしろにされかけている人々です。

戦後70年間日本は、その叡智をフルに発揮してどの国とも戦火を交えず、平安な時代を築き上げてきました。しかし、現在地球レベルで俯瞰すれば、第二次世界大戦以来の人類の危機は起きかけているのです。それが、「異常気象」か「核戦争」かは、議論の分かれるところです。とにかく人類は今ギリギリのところにいるのです。コロナはその前哨戦に過ぎません。

そう、世界は「熟年版アベンジャーズ」を待ち焦がれているのです。定年後ヒーローになるチャンス到来です。

日本の「熟年者」のみなさん、
出番です!

『残酷な天使のように、熟年よ、神話になれ』
これはエヴァンゲリオンでしたね。

今後どう生きたところで、せいぜい10年~30年でお迎えはきます。刹那的に生きることは実は愉しいです。それほど長くない余生を生きるのであれば、もう一度ワクワク、ドキドキの世界に浸ってみませんか。何しろ目標は「人類を救う」ですから。相手にとって不足はないでしょう。

「知恵のある人は知恵を出す」「技術のある人は技術を出す」「体力のある人は体力を出す」「金のある人は金を出す」「何も出すものがないと思っている人は元気を出す」

４０００万人が同じ方向に向かって結束したら世界は必ず変わります。現役時代は、家族のため会社のためという意識に支配され、もしかすると社会貢献は無縁と感じていたかもしれません。しかし、この世代の力は、発揮どころさえ担保されれば想像以上の社会貢献につなげていくことは全く可能です。

「世界は自分次第であらゆる可能性がある」こと、そして「僕はここに居ても良いのだ」と気付く。そして最後は「おめでとう」「ありがとう」の世界が展開するはずです。

奇跡の国ニッポン

１９４５年（昭和20年）８月15日、日本の敗戦が決まった日は日本中が焼け野原で、東京も瓦礫の山と化しました。その年の３月には死者10万人を超えた東京大空襲に見舞われ、その２カ月後には青山大空襲がありました。

この空襲はあまり世に知られていません。５月24日の未明、赤坂から渋谷上空に集結したＢ29爆撃機の数は５００に及んだと言われています。短時間に投下された焼夷弾は３０００トン強。現在の国道２４６号沿いは正に地獄絵でした。

今ではお洒落な街の代表とも言える表参道の交差点には、「みずほ銀行」があります。戦時中は「安田銀行」と呼ばれていました。

空襲による死者は３０００名に達し、うず高く積まれた焼死体は何とその銀行の２階窓枠にまで達したという記録が残っています。(4)

戦争を知らない世代には想像すらできません。ここからの復活には気の遠くなるほどの歳月がかかると誰もが予想したことでしょう。

ところがです、

それからわずか19年後、同じ交差点を先の東京オリンピックの聖火ランナーたちが意気揚々と駆け抜けたのです。これが奇跡でなくてなんでしょう。

ここでちょっと変わった角度からこの国を検証してみましょう。

人類発祥の地はアフリカと言われています。そこから歳月をかけて人類の先祖は各地に移動し、混血を繰り返し、いろいろな土地に定着をし始めました。そのうちに各地の気候に合わせて肌の色が変わってきました。アフリカから気候の温暖な土地に移動した人々は褐色や黄色くなったり、冷涼な土地を目指した人たちは白くなったりしました。

様々な言語が誕生したり、信じる「神様」もそれぞれで独特の文化が築かれたりもしました。かつて「人類みな兄弟」という標語がもてはやされましたが、これは生物学的にも正しい認識です。肌の色、言語、宗教、文化といった、〝小さな違い〟が民族の多様性を生み「別々の個性を育んだ兄弟」ということなのです。

土地に定着し、他人との違いを認識し始めると、どうしても動物的な所有本能が刺激され、それが高じて争いにまで発展してしまいます。そうすると、戦い好きがその土地を支配し始め、さらなる差別化が進みます。争うことが苦手な人々は土地を追われたり、逃亡したりし始めます。

戦いから逃れ平穏な土地を求めて、東へあるいは北へ南へと向かう集団がたどり着いた先に日本列島があったのではないでしょうか。
だから、われわれ日本人の祖先は元々好戦的ではない優しい性格の持ち主だったのではないかと思うのです。かつて1万年以上続いた「縄文時代」がそれを物語っています。

日本が果たした役割

誤解を受けるかもしれませんが、明治維新後の日本の歩みは、本来の日本人の特性に反する国造りだったと思うのです。第二次世界大戦には日本の大義はあったはずです。止むに止まれぬ事情があったのも事実です。日本にとっては正義の戦いでした。でも、当時の日本人の多くが本当に戦争を望んでいたのでしょうか？　そんなことはなかったはずです。大和魂や武士道を間違って解釈すると、危険な方向に国ごと突入してしまうことはあり得ます。時の流れと洗脳の恐ろしさです。

そもそも日本民族には戦うことが似合わないのです。領土侵略などはとんでもない発想です。鎮守の森から生まれたしっとりした宗教観と、砂漠から生まれた激しい宗教観に違いはあるのです。

戦争には敗れましたが、日本は果敢に経済復興に挑み、見事に先進国の仲間入りを果たし、世界第2位のポジションにまで昇りつめました。戦って、闘って、競って、争って、死に物狂いでここまで来たのです。でも、バブルがはじけてハッと気がついたときに、果たして経済中心の国造りが国民を本当に幸せに導いたのか、という大命題に日本は直面させられました。

戦後日本が果たした役割は、お金中心では人は心底幸せにはなれない、ということを身をもって世界に証明したことではないでしょうか。

そういう資質を持った人間性が世界の奇跡とも言える摩訶不思議な、それでも平和な国を造り上げたのです。

残念ながら、地球規模で「幸せになれない時代」に突入してしまいましたが、まだまだ日本は世界で一番幸せな国の一つです。個人的には世界一幸せな国だと断言いたします。日本ほど平和で、安全で、豊かで、愉しい国は他にありません。

逆説的ですが、コロナ禍にこれだけ悠長な対応しか出来ないのは、その表れかもしれないのです。このような時でさえ、国は国民に命令せずにお願いするなんて素敵なことじゃないですか。それが命取りとならないことを願うばかりですが、東京都知事の必死のお願いの結果、あの渋谷のスクランブル交差点から人が消えたことは誇っていいことです。

この国の多様性は抜きん出ています。季節の変化は言うに及ばず、食文化でも例えば「秘密のケンミンショー」のようなTV番組が成立するのはこの星では日本だけでしょう。

日本の素晴らしさは、『世界ふしぎ発見』レベルの奇跡的な建造物からも伺い知れます。チョット田舎に行くと無人の野菜売り場に出くわすことがありますね。通りすがりの客は言い値通りのお金を木箱に入れる、その木箱が盗まれない。どうですか、この信頼関係は！是非 UNESCO 世界文化遺産に登録していただきたいものです。

このような文化を享受できるのは、他でもありません、この国が平和だからです。日本の平和加減は、俗悪なTV番組がこれだけはびこっていることからも窺えます。視聴率至上主義が行き過ぎメディアとして品位のかけらもない番組が多過ぎるのはチョット悲しいですが。

少し前までは、私も日本の平和ボケの象徴として揶揄していましたが、これも平和の副産物と肯定的に捉えることにしました。どこかの国の徹底した愛国教育番組よりはマシかもしれません。一触即発の世界の中で、日本だけが年中お祭り騒ぎというのは、世界に向けて最も意味深いメッセージかもしれないのです。平和ボケも100年続けば本物になるでしょう。日本は地球レベルでは他を圧倒する存在なのです。そういう国に暮らしていることをまず自覚しましょう。その上で、批判すべきは批判、改善すべきは改善するという謙虚な姿勢が大切です。単に自虐的ではなく、素直に褒め称えるくせが必要です。

このように世界情勢が緊迫している時代に日本に生きていることは決して偶然ではありません。まして、幸せな定年後生活を迎えることができるのは、世界レベルでは超ラッキーなことです。まず、そのことをハッキリと認識して、死ぬその日まで愉しくその責任を果たすにはどうしたらよいか、日本国中の4000万人は真面目に考えて欲しいのです。

宮仕えはつらいよ

最近、日本政府は「新現役」という素晴らしい造語を産み出しました。今までは、「生涯現役」という言葉が使われていました。これからは、「定年」＝「新たな出発」という発想が求められます。

現役時代は、現場のしがらみに屈服させられることはよくあることです。会社のやり方に反抗することは相当に勇気が要ります。家族を養うためジッと耐え忍び、忖度から忖度への会社勤めを誰が責めることができるでしょうか。

例え運悪く選んだ会社がブラック企業だったり、パワハラが日常茶飯事だったりしても必死に耐え忍ぶことを強要されたりします。「そもそも企業の存続意義は、できる限りの利益をかき集め、その一部を税金という形にして社会貢献をすること」などということをまことしやかに宣う経営コンサルタントがいます。

今後、利益最優先のかけ声の下、多くの環境問題が置き去りにされ、どれだけの若い社員が板挟みとなることか、想像するとゾッとします。

お家を守るために詰め腹を切らされたり、実際に自らの命を絶って会社や官庁の不祥事をうやむやにすることはこの国ではよくある話です。まるで時代劇です。

黒澤明監督の『悪い奴ほどよく眠る』の世界はどうやら今も続いているようです。日本の自殺者の数は年々減少気味とはいえ、未だに年間2万人を超えています。殺人事件被害者数が300人を下回っていますから、いかにこの数字が異常かということです。自殺の理由の上位に「勤務問題」があります。

過労死がある国、旧態依然とした野蛮な文化がまだ残っています。会社のためなら何でもやるという企業戦士精神が「社員の鏡」と称えられたのが団塊の世代です。

もう時効なので恥を忍んでお話ししますが、私自身現役の国連職員時代に、次年度の予算増加をアピールするために当時の通産省の某課内で、課長に向かって土下座したことがあります。

「もう課長、こうやって拝んじゃいます」とややおどけながら手を合わせ、勢いに任せて正座したと思ったら、頭を床につけながら「この通りです、お願い！」とやってしまいました。課員はみなあっけにとられていましたが、予算確保のためならこの程度のことはどうということないと当時は思っていました。私の場合、こんな時もおチャラけた調子になるのは困ったものですが……。

そのお陰とも思えませんが、前年比15％増を獲得できました。「萩原さん、どんな『寝技』使ったの？」と通産省傘下の団体から訝られたものです。今では想像もできない好景気な時代がＯＤＡの世界にもあっただけです。

もちろんそのような私の姿を、職場の上司も同僚たちも想像すらできなかったはずです。絶対に見られたくない姿です。

思い出すたびに、若気の至りと「お家のため」根性には赤面してしまいます。私のようにお気楽人生を歩んできたものでさえこの有様です。真面目な企業戦士たちは自分を殺してまで、会社のためという大義名分で沢山の修羅場を切り抜けてきたことでしょう。魂を売ってしまった会社員は辛かったでしょうね。

あるインターネットサイトに笑えない書き込みがありました。

「『新ゴジラ』という映画の中で、ゴジラが東京を破壊していくシーンにたまたま私が働いている会社が映り込みました。そしてその建物がぶっ壊されていく場面では嬉しくて嬉しくて思わずヤッターと叫んでしまいました」

「すまじきものは宮仕え」とはよく言ったものです。

定年は大チャンス

定年はそれまでの呪縛から解き放たれる絶好の機会のはずですが、現役を退いたということで「人生の店じまい」を始めてしまうのはとても残念なことです。

新たな「生き方」が可能なのです。何をしてもいい、何を言ってもいいという現役時代にはなかった夢のような生活を手に入れたのに勿体ないです。

これからは、他人の評価を気にすることなく、自分の一番好きなことだけすればイイのです。ワクワク、ドキドキの世界に没頭してイイのです。

大切なことは、ここでも覚悟することです。

定年を迎えると急にやる気がなくなる人がいます。アドラー流には「やる気をなくす」という決断を自分で下したに他なりません。このような決断は全く意味がありません。覚悟のベクトルをこの段階で誤ると致命的です。

もし定年を境に世の中の事に無関心となったらとても危険な兆候です。キング牧師が言いました。「問題になっていることに沈黙するようになった時、我々の命は終わりに向かっている」と。

環境認知、つまり自分の価値を他人が決める世界から完全におさらばしましょう。未来に向け目標を設定できれば過去は全部乗り越えられるはずです。

ビートたけしが上手いことを言いました。

「時代に変えられないためバカをやる。今だ！　バカをやろう！」

時代を変えるためにバカをやろう！　変態になろう！

世界は新たな日の出を待っているから。


定年は「根拠のない自信」を持たされる絶好の機会です。今までいた場所を、年齢制限という理由で体良く追い出されるわけですから。後戻りはできません。前に進むだけです。

そもそも、定年は「卒業」なんかではありません。単なる「脱皮」です。サナギから成虫になるおめでたい儀式です。

人間の場合も、60～65年は幼虫時代、それ以後の約25年を成虫時代と認識してみたらどうでしょうか。25年間、気が確かであれば大概のことはできます。樋口一葉、滝廉太郎、石川啄木、沖田総司などの偉人たちはみな25歳前後で没しています。

定年までどのような仕事をしていたかに関わりなくすべて人生のリハーサルみたいなものです。本番前の少し長めのウォーミングアップと呼んでもいいでしょう。定年まで国家の大仕事を成し遂げたと思っている人も、ずっと会社のお荷物だった人も全く同じスタートラインにつきます。人の一生を競馬に例えるのはいささか気が引けますが、「人生は第四コーナーから」は間違いありません。

「ただの人」の強み

定年はその年齢制度に従う慣例ですが、同時にこれからは年齢を言い訳にしないという「通行手形」を渡される関所でもあります。

定年を過ぎるとみんな「ただの人」になります。そのことを受け入られない人は大概不幸な道をたどります。このタイミングで正しいスイッチを入れることが肝要です。昔の名前で出られる場所はない、とはっきり思い知ることです。

大企業で多くの部下に囲まれる重役ポストから「ただの人」に収まるのはなかなか大変かもしれません。でも、過去の栄光に酔いしれ続けることはとても危険です。

それまでの仕事に生き甲斐を感じていたとしたら、淋しさに押しつぶされてしまうことはあるでしょう。でも、その生き甲斐はもしかしたら会社の思惑に従っただけのものかもしれません。つまり、会社のシナリオ通りに働いていたアナタは、とても使い勝手の良い役者であったということです。これからは自分自身の生き甲斐を見つけることです。

実は現役時代はナンバーワンを目指すのはごく僅かで、ワンオブゼムのほうに心地よさを感じる人のほうが圧倒的に多いのです。定年したらオンリーワンを目指しましょうよ。人と一緒がいいなんて面白く無さ過ぎます。

「ただの人」の強みは、残りの人生丸ごと製作総責任者になることが出来ることです。脚本、監督、主役その他もろもろ全部自分でこなすということです。

他人のための人生にサヨナラして、自分のための人生を生きるということです。そのほうが結果的に多くの人をハッピーに出来ることを請け合います。

現役時代は、財産、地位、名誉などを収穫することに生き甲斐を感じていたかもしれませんが、定年後はその「執着」を一つずつ捨てていく愉しみが待っています。老いの美しさはそんなところにあるのではないでしょうか。老い＝苦しみという常識を非常識にすることはとても大切です。

古い日本人は未だに「男らしく」「女らしく」などと言いますが、時代遅れです。これからは「自分らしく」以外はないのです。人として一番愉しいことをする。天職でも適職でもない、「魂職」を見つけることです。

趣味を仕事にまで昇華する特技を身につけたら最高です。現役の間は「仕事」を「趣味」に、定年後は「趣味」を「仕事」にすることです。

過去の実績の延長で得た役員や理事の肩書きを名刺の裏に列記して「俺はこんなに偉いの

だぞ」感を醸し出そうなどとはしないことです。そもそも理事職などはその業界における業績を讃えた名誉職以上ではありません。早い話が、その世界では「終わった人」という位置付けです。現場感覚を失った老人が、昭和の価値観、常識、慣例を平成、令和に生きる若者たちに押し付けようとするのは愚の骨頂です。

かつての肩書きが通用すると勘違いしてパーティ会場の受付で名前を告げようとしない輩がいます。「あのう、お名前をお聞かせ願いますか？」「ええ〜っ、君たちワシが誰か知らないのか！」と息巻くような行為は本当に恥ずべきことです。

そういう意味では、政治の世界に定年制度がないのはおかしな話です。どう贔屓目に見てもズレまくってしまった人たちが大勢永田町を闊歩しているのは滑稽ですらあります。#（ハッシュタグ）老害の極みです。70歳定年制度をいち早く導入して欲しいです。

定年は何となく男御用達のような感じがしますが、女性の定年組を見逃すことはできません。日本には「専業主婦」なる立派な職業に就いている女性が数多くいますが、亭主の定年にあわせて主婦を卒業するというのは新鮮な考えだと思います。

ちょっとだけ愛するハニーの面倒を手抜きすることです。定年後、大切にすればするほど亭主は図に乗ります。定年直後に離婚されなくてよかったと思わせることです。グダグダしていたら三行半を突きつけられるという危機感は亭主が元気に過ごすカンフル剤の役目を果たします。

「男は結婚するとき、女が変わらないことを望む
女は結婚するとき、男が変わることを望む
お互いが失望することは不可避だ」(5)

と誰かが言っています。現役中に変わることは世間のしがらみもありなかなか難しいですが、定年後は大変身するチャンスです。これから「男社会」が滅びることは間違いありません。男がこれ以上のさばれば人類は遠からず滅亡します。困ったことですが、男の破壊本能は永遠に続きそうですから。

定年男子のポテンシャル

「定年者」のポテンシャルは正に無限です。経験／体験、知恵、技術は言うに及びませんが、

見逃されがちなものが「財力」です。

先ごろ大手保険会社が、認知症老人の平均貯蓄額が２８００万円という驚くべき調査報告をしました。２０１８年3月現在、その総額は実に１４０兆円に及ぶそうです。[6]

残念ながら、そのお金の多くは醜い相続争いや詐欺事件の犠牲となり、行き場を失っています。お金は墓場に持っていけません。愛する家族に遺産を残すのは立派な行為ですが、本当に有効なお金の使い道は、意識の確かなうちに自分や世の中のために使い切ってしまうことではないでしょうか。

マザーテレサは死ぬ直前持ち物2着だけ、という話は有名です。跡を誰かに託すという生き方よりも、とにかく今生の人生は完結させるという意気込みが大切です。死んだ後1年も経って思い出してくれる人が数人もいればラッキーな方です。

幸いなことに、熟年者の8割は非認知症で半分以上は非要介護者です。その方々の資産総額は恐らく１０００兆円に近いのではないでしょうか。実に日本の年間国家予算の10倍に匹敵する巨額です。

皮肉な話ですが、日本で老齢化にまつわる問題のほとんどは熟練者自身が持っている資産の1割もあれば解決するでしょう。

もしその半分ぐらいのお金があれば、世界を変えられるかもしれません。日本の5年分の国家予算を世界平安のために……これ以上の金の使い道はないと思うのですが。

人類77億人の総資産の半分は、世界の超大金持ち26人の総資産と同じだと言われています。[7]この人たちが先頭切って世の中の平安のために身銭を切らないのであれば、やっぱり日本の「熟年版アベンジャーズ」の出番でしょう。

日本の技術力はまだまだ世界の脅威です。戦後日本が奇跡的な復活を遂げたのも先人たちが絶え間なく追求した技術の進歩のおかげです。宇宙ロケットや新幹線も日本の小さな町工場がなければここまで活躍できなかったほど、世界の産業の発展にとてつもなく貢献しているのです。

国際協力の行方

アフリカではこの20年ばかり中国の一人勝ちが続いています。日本は中国の大攻勢の前になすすべもなく撤退を強いられています。多くのアフリカ諸国が中国に頼りすぎ、その結果借金が増え、国として崩壊しかけています。

この危機を救えるのは、日本流の「利他」の精神に基づく経営方法であり、中国が今のところ日本には到底太刀打ちできない技術力であるはずです。

もちろん他の途上国も同じです。今は掛け声が勇ましい「一帯一路」政策が落ち着く先はなんでしょうか。果たして関与する国々に幸せをもたらすでしょうか。経済における世界征服という国家戦略にはどうしても危うさを感じてしまいます。

途上国の多くは未だに自国で生活必需品などが作れません。アフリカのスーパーマーケットの製品の大多数は中国製です。アフリカの半数近くの国々は、もはや中国抜きでは美しい未来を語れないほどに中国に依存してきました。その中国が大分頼りなくなってきているのです。展開次第では新型コロナウイルスが中国に引導を渡す可能性はあります。

アフリカ諸国から日本へのラブコールをこれ以上無視してはいけません。日本の美しい未来にとってアフリカは必要な大陸です。

2050年になると、地上に生まれてくる2人に一人はアフリカ人である可能性があります。その頃アフリカがどうなっているかは人類の浮沈に関わることです。

本当の意味で自立ができない国は世界中に50カ国以上もあります。ここでも日本の技術力、なかでも金属加工、食品、医薬品、化学品の世界と伝統工芸の世界に活躍の場があります。

日本の技術は、世界の環境、食料／農業、貧困などの深刻な問題に大きく貢献できることは間違いありません。

例えば水です。日本は「湯水のごとく使う」ということわざがあるように、世界有数の水の豊富な国です。世界中を見渡すとどの国も水、特に飲料水では苦労しています。今も世界のどこかで「水戦争」は起きています。これを止められるのも日本です。

日本には優れた浄水技術が沢山あります。汚れた河川水の浄化、雨水の飲料水化、海水の淡水化などの分野に独特な技術を次から次へと誕生させています。

途上国の大都市はほとんど大気汚染が深刻です。もはや途上国とは呼べない中国の主要都市はpm2.5などで知られる公害に苦しんでいます。こういう時こそ、日本は国境の壁を乗り越えて人命優先の技術移転を心がけて欲しいものです。それは世界に先駆けて公害を克服してきた日本の役割でもあるはずです。

これを「人道的世界戦略」として企画し指導できるのは、日本の熟年グループを置いて他に見当たりません。コロナが世界の大都市の空気清浄化に一役買っているとしたら、それこそ戦略ずくりには大変なヒントです。

日本の熟年グループのポテンシャルを総ざらいして、世界中の需要とのマトリックスをつくってみたら、きっと今まで思いも寄らなかった企画が出来上がるでしょう。

新たな国際協力の夜明けです。

(3) ２０１９年７月30日厚労省発表
(4) フリー百科事典「ウィキペディア」参照
(5) アインシュタインの名言より
(6) ２０１８年３月 第一生命経済研究所の推計
(7) ２０１８年１月 国際ＮＧＯ「オックスファム（Oxfam）」発表

第2章

定年男子よ、セクシーであれ！

「在日宇宙人応援隊・竹内浩子」

定年時に交わす「契約」

日本に生まれた人が還暦を迎える確率は92%と言われています[8]つまり100人のうち92人は赤いちゃんちゃんこが着られるということです。アフリカ人の平均寿命は50歳代と言われていますから、この国に生まれたということはそれだけでもありがたいことです。

そうであれば、なおさら長生きできない人たちのためにもしっかりと最後まで生きる責任があると思うのです。

「今日あなたが無駄に過ごした一日は、昨日死んだ人がどうしても生きたかった一日である」[9]

人生に何一つ無駄なことはない、と信じたいです。無益に過ごしたと思われる日にもそれなりの意味があるといわれていますが、本当にそうでしょうか。

ここからは、心を鬼にして言わねばならないことです。

果たして、植物状態や重度の認知症になってまで生きる意味とは何でしょうか？　家族としては、どんな状況になろうとも生きていて欲しいという思いは自然です。他方、逆の立場になってみれば、痛々しい姿をさらすことはいかにも無念なはずです。

人間の尊厳を考えるとどうなのでしょうか。

経済的余裕がなく、自分の生活を犠牲にして介護を一手に引き受け頑張っている人が沢山います。辛いですよね。介護疲れや将来を悲観して、親を手にかけてしまうような悲惨な事件がこれからも増え続けるでしょう。


どのように頑張っても5人に1人は認知症になってしまいます。それは仕方のないことですが、その病魔に侵されないよう最大限の努力をする必要はあります。これは定年後、最初に自分自身と交わさねばならない「契約」です。

ちょっと前まで、早くボケたもの勝ちなどと言われましたが、とんでもないことです。認知症患者は赤ん坊帰りしたとか宇宙人になったとか、周りは何とか介護生活がストレスとならない方便を探します。そういう気持ちでもなければ、辛すぎてやっていけないですよ。

愛する人が日に日に壊れていく様を見なくてはならないのは耐え難いことです。もちろん、認知症患者や寝たきり病人にもそれぞれに確かなお役目があることは間違いありません。

しかし、残念ながら、今の日本の状況下においては、認知症患者は家族や社会にとって大変な「重荷」となっているのは事実です。平均的なサービス介護付き老人ホームは年間300万から500万円という高額が掛かります。

とにかく健康でいること

定年後の人生が豊かで幸せなものとなるかはひとえに健康次第と言えます。死ぬ寸前まで意識が確かということが最重要課題です。天寿を全うする直前まで健康でいられる社会の実現が望まれます。

団塊の世代ぐらいまでは「滅私奉公」的に定年まで我慢し続けた人は多く、身体はボロボロのまま年金生活に突入です。仕事の付き合いで飲みたくもない酒をがぶ飲みする。その長年のつけが肝臓にきてしまっています。

とにかく、平均寿命以上は生きるという気概を持つ、それも最後まで健康でいるということが基本です。無病息災はもう古いです。目指すべきは無病即死です。よく言うPPK（ピンピンコロリ）です。

これはもう匠の世界に近いですから、日頃からの修練が不可欠となります。適切な食事、健康な睡眠、適度の運動など当たり前の繰り返しです。

人生100年時代を最後まで輝いていたいものです。

第2章
定年男子よ、セクシーであれ！

四十、五十ははなたれ小僧
六十、七十は働き盛り
九十になって迎えが来たら
百まで待てと追いかえせ　by 渋沢栄一

人生に賞味期限はありません。いつでも旬、いつでも食べ頃です。
若々しさを意識して、年齢など気にすることはありません。ただし、寿命という消費期限はあります。

定年後、平均25年の人生が待ち構えていますが、愉しく人生のフィナーレを飾るためにはどうしても元気が必要です。

「元気があれば何でもできる！」は本当です。若い頃ならともかく、定年を過ぎると普通は身体の経年劣化は著しくなります。身体中に金属疲労的症状が見られるようになります。ですから生半可なメンテナンスではお話になりません。だからと言って、今すぐジムに直行して無謀な筋トレをすることが得策でもありません。

人にはそれぞれの体質や特性があり、それぞれにベストのメンテナンス法があるはずです。最初は無理のないところから始め、次第に身体への負荷を上手にかけながら体力増強やアンチエイジングを目指すことです。

身体に合った運動であれば、ハード・ソフトどちらでも構いません。大切なことは続けることです。それも愉しく続けることです。ボディビル大会に挑戦するならいざ知らず、NO Pain, NO Gain はもう時代遅れです。

特別健康講座

健康増進のための時間がなかなか取れないという声を聞きます。これは工夫次第で解決できます。まず手軽にできることは手当てです。ちょっとだけ手当てを羅列してみます。頭もみ、顔もみ、耳たぶ伸ばし、顎もみ、首ほぐし、鎖骨下マッサージ、腋もみ、お腹ほぐし、仙骨こすり、爪揉み、ふくらはぎもみ、ツボ押し、などなど。プロによる指圧、マッサージ、鍼灸もいいですが、お金もかからず今すぐにできる手当てが沢山あります。

通勤中は座ってスマホを弄るより、立ってかかと落としや肩甲骨寄せをすること。乗り換えでエレベーターと階段があったら必ず階段を使うこと。同じ金を払っているのだから楽なほうを選んで何が悪い、と宣うあなた。そこが違うのです。同じ料金で手頃な運動の機会を与えてくれて嬉しいぐらいの気持ちを持ちましょうよ。

階段の上り下りが適当にあって、1日総徒歩数が10000歩近くなら他に何の運動も要りません。ただし、常に正しい呼吸と正しい姿勢を心がけていただきたいです。

呼吸に関する指南書がいくつもありますから、自分の体力に合った深くて長い呼吸法を一刻も早く身につけて下さい。良い呼吸は良い人生のために不可欠です。世の中は自然治癒力ブームですが、そのためにも正しい呼吸を身につけることが一番です。

呼吸は普段無意識に行っているので、意識を向けることは意外と難しいのです。武道やヨガをやっている人には常識的なことですが、呼吸を常に意識しながら生活することはまずありません。ですから、適度のトレーニングがどうしても必要となります。兎にも角にも今日から朝晩10分ほどで十分ですので、正しい呼吸を90日間続けてみてください。人生が一変することを受け合います。

もう一つの基本中の基本のメンテナンスをお伝えいたします。

それは歯／歯茎の手入れです。

歯は消化器官の中で唯一直接手入れが可能な器官です。最近は美容的見てくれが重視され、歯を不自然に真っ白にしたり、無理な矯正が大流行りですが、肝心な歯や歯茎の質がおろそかになっています。

歯周病対策でいろいろな歯磨き粉や歯ブラシが開発されています。ですが、正しい歯磨きは定年組には広がっていないような気がします。多分、朝夜の歯磨き習慣は、ほとんどの人が身につけていると思いますが、毎食後となると人数はかなり減りそうです。

私の食後は歯磨きなしには始まりませんので、どのような状況下でも昼食後は歯磨きをいたします。カバンの中には常に歯磨きセットが入っています。食後は、そこが役所だろうが、ホテルだろうが、セミナー会場だろうが、駅中であろうが、必ず歯を磨きます。

そんな時、ほんのたまに同好者に出くわすことがありますが、定年組と思われる御仁たちにはまず会うことはありません。今思い出しても、職場の共同トイレで歯磨きをしているのはわずかに2～3人の常連さんだけでした。

それもほんの2～3分歯の上っ面を磨くだけで、歯茎への意識がほとんどありません。歯を支えているのは歯茎です。その歯茎が健康でなければ健康な歯はありえないのです。歯周病が国民病と言われている所以です。

歯茎磨きに私は妙案を持っています。世の中には様々な歯ブラシがありますが、経験上もっとも優れた歯ブラシは何を隠そう自分の指です。この指をいろいろ駆使して歯茎のマッサージを図るのです。

両手の親指、人差し指、中指を上手に使い歯茎を満遍なくマッサージをします。女性の場合は爪に気をつけてください。歯茎の場所によって指を変え、角度を上手く調整しあくまでも優しくマッサージします。どれくらいの長さをやったら良いか？　それは慣れてくると歯茎が教えてくれます。これも90日間続けられたら劇的な何かが起こります。騙されたと思ってやってみてください。

タバコを止めてみる

定年はタバコを止める絶好の機会でもあります。喫煙と認知症には、無視できない因果関係が証明されています。コロナショックは喫煙者には大ショックとなりましたね。喫煙者の死亡率が高いことが明白となってしまったからです。もう定年まで待つ理由がなくなりました。喫煙の代わりに正しい呼吸法を身につけることです。人が死ぬ間際にいろいろと後悔するそうです。そのナンバーワンが「何故タバコを止めなかったか」ということです。お迎えはイヤでもやってきます。それもそう長くはありません。それを自ら縮めるような愚行をいつまで続けるのですか。

「好きなものを絶ってまで長生きなどしたくない」というもっともに聴こえる意見がありま す。私の友人にもいたのです、そういう奴らが。肺ガンや腺ガンの末期症状がどれほど辛いものかを知らないだけのことです。

医者からの禁煙の勧めを無視してタバコを吸い続ける猛者が時々いますが、やはり早く死にます。ニコチンの毒性は青酸カリを上回ります。このことが残された家族にとってどれだけ自責の念にかられることか、常識ある大人がわからないはずはないのです。

喫煙者は「熟年者アベンジャーズ」の選考試験を受ける資格を失います。したがって、愛の召集令状をもらえません。

まず、自分の身体の環境を整え、心豊かに暮らす知恵を働かせ、兎にも角にも毎日愉しく幸せであることが絶対条件です。当たり前のことですが、自分が幸せでなかったら、他人を幸せにすることも、世の中を平安に導くことなどもできるはずはありません。

年齢差別に負けるな

おそらく世界中で日本人ほど年齢を気にする国民はいないでしょう。日本には摩訶不思議な「年齢差別」があります。年齢という大した意味もない情報一つで上下関係を決めつけます。

年長者に敬意を示すことは素晴らしいことです。でもそれも程度問題で、単に歳が違うというだけで差別意識が生まれるのはいただけません。

日本人が自分の年齢を意識し始めるのはいつ頃からでしょうか？

男子の場合、甲子園球児の年齢を越えたころ、一つの年齢意識分岐点に到達するような気がします。女子は、これは単なる想像ですが、初潮を迎え「女性」へと身体が変わっていく頃ではないでしょうか。

日本では、テレビでも新聞でもあらゆるメディアに誰かの名前が登場するとその次に必ずカッコ書きで年齢が続きます。年齢はそれほどに重要な情報なのでしょう、この国では。ドラフト何年組、官庁では何年入省、年次がたった1年違うだけで先輩／後輩の上下関係が生まれます。

この国はあまりにも年齢を気にし過ぎるので、年齢に相応しい行動／言動、地位、収入などが強く求められます。

そもそも定年は60歳などというのは年齢差別でアメリカでは禁止されています。45歳までが求人条件などというのは先進国では日本だけです。社会構造が否が応でも年齢を意識させるのです。大学生は18～22歳までというのは若年層にも年齢意識が及んでいるということです。

30歳までには結婚する、課長になる。
40歳までには家を建てる、年収1000万円以上を稼ぐ。

目標を明確に持つことは成功に向かってなくてはならないことと教わります。それを否定はしませんが、その目標が「こうあらねばならぬ」というマストの状態に変わってしまうと、追い込み型の辛い人生となってしまいます。

そのくせ、たかだか還暦を迎える頃になると一気に老け込むようになるのはなぜでしょうか。そこに定年という儀式があるからではないでしょうか。定年＝ごくろうさん＝過去の人＝年寄り＝さびしい～。このような構図がまだ根強く残っているからです。

「年齢の罠」に陥らない

年齢は単なる記号ぐらいで丁度イイです。とくに定年を過ぎたら、年齢を言い訳にしない生き方が求められます。「私はもう歳だから」を口にしたらあなたの人生劇場は幕を閉じます。あらゆる言い訳の中で年齢は最悪です。人が人生で完全燃焼するためには、「年齢の罠」とは無縁でいることです。

この歳だから病気の一つや二つはしょうがない、という達観はもう社会のご迷惑です。健康寿命をいかに伸ばすかは、この国にとってすべての国内問題より優先課題です。人は誕生と同時に余命宣告を受けています。人間の死亡率はほぼ１００％ですからいつかは死ぬことがわかっていますが、それが何時の日かがわかりません。

年長者の方が先に逝けるチャンスが大きいだけで、誰にでも明日が命日となる可能性があります。これは平等で、あまり年齢には関係ありません。

私自身いつの頃からか眠りにつくときの目標は「明日必ず目を覚ます」というものです。目が覚めればしめたものです。

「もし今日が人生最後の日だとしたら、
今やろうとしていることは
本当に自分のやりたいことだろうか？」
というスティーブ・ジョブズさんの問いかけが迫ってきます。

「年相応」という考え方や年齢意識がブレーキになることがあります。定年直後あたりが「年齢の罠」に一番陥りやすいです。その最たるものが色恋沙汰からの卒業です。このテーマにおいても「もう歳だから」が口癖になったらアウトです。

70歳ぐらいになると「もう10年若ければ」なんて言い出すようになるのです。私の周りにもいるのです。「わしの若い頃は角角のオンナをブヒブヒいわせたものだ、どうだ恐れ入ったか」なんて得意げに吠える年端もいかないジジイどもが。ばかやろう！　過去の栄光に浸っていてどうする！　それを今やってみろ！

まずそのだらしない身体を引き締めろ！
加齢だから仕方ないシンドロームを蹴散らせ！
熟年者よ、死ぬまでセクシーであれ！

日本では熟年者の色恋沙汰は「年甲斐もなく」と言われ、あまり周囲から歓迎されませんが、物事には早い遅いは関係なく、やるかやらないかで人生は大きく変わってきます。思い立ったときが吉日です。年齢などというものに囚われずに好きなことができたら何にでもチャレンジしてみましょうよ。死ぬ間際に「なぜあれをやらなかったのだ」という後悔はなるべくしたくないですね。

人生劇場の閉幕近くに「華麗なる暴走劇」が沢山あったら世の中が活性するのは間違いありません。

一つ提案があります。

それは、75歳になったら運転免許証を返納することです。その分、歩きましょう。田舎では車がないと生活できないというのは工夫がなさ過ぎます。車の暴走や逆走は絶対に良くありません。それから老人の逆ギレや暴力沙汰もダメです。年を重ねるという素敵なプロセスで社会のご迷惑となっては元も子もありませんから。

過去のしがらみからの解放

私は国際連合というちょっと変わった職場で約27年間働きました。その間に4回ほど辞表を提出しましたが、毎日愉しく仕事していました。国連の仕事は毎日が異文化コミュニケーションのようなものです。こんなに愉しい職場はどこを探してもないと思っていました。ですから、定年は恐怖に近いものがありました。

でも、あの東北の大震災が私の恐れを払拭しました。国連職員の枠を取っ払い新たな役割、居場所を見つけたからです。

２０１２年の3月末、定年を迎えた日に職場で送別会をしていただきました。花束と共に見送られた時の「せいせい」感は何とも言えないものでした。

帰りの地下鉄では、その花束を右肩に背負ってまるで映画スターのようなポーズを取っていました。窓に映る己の姿に自分で拍手なんか送ったりして。

あくまでもキザな野郎です。

次の日からの不安は全くありませんでした。子どもの頃、親父によく言われたのです。

「お前はついている。イイ星の下に生まれている。しかも大器晩成型である」と。

過去のしがらみは定年を境に全部葬り去ったらどうでしょうか。

だからと言って、完全隠居や世捨て人になるのはチョット早計です。そこまでひっそりと生きて欲しくありません。逆に寿命を縮めかねませんから。

発想の転換ができるかどうかで、その後の人生に決定的な差が出ます。過去に生きるのか、未来に生きるのか。どちらが愉しいかは火を見るよりも明らかですが、「偉かった人」ほど始末が悪いです。そういう人は、定年後孤立無援に陥りやすいのです。

定年するとめっきりと人と会う数が減ったり、周りに人がいなくなったりしますが、これは危険なサインです。人目を気にしない生活習慣が始まってしまうからです。

定年後に一番必要なことは「教養」です。つまり「今日用がある」ことです。用事を作る最短の方法は、自分の居場所をつくることです。自ら自分のコミュニティーをつくる。SNSの世界をほんの少し利用するだけでいとも簡単に出来ます。

熟年者の中にはどうしてもデジタル世界になじめない人が多くいます。高校の同級生のほとんどがフェイスブックもインスタグラムもやっていないというのは驚きです。定年後は意味のないデジタル嫌いを返上しませんか。使い方さえ間違えなければSNSは人生を愉しむ強力なツールになり得るのです。しかもボケ防止にはうってつけです。

スピリチュアル世界を受け入れる

国連職員時代にスピリチュアルに興味があるということは死んでも口に出すことはありませんでした。それを言った途端にキャリアが終わっていたかもしれません。そういう時代でした。今はＷＨＯ（世界保健機関）などがスピリチュアルという言葉を使うようになりました。

定年を迎えて一番嬉しかったのは、自分がスピリチュアル系であることをカミングアウトできたことです。出版社の要望で、定年１００日前に『スピリチュアル系国連職員、吼える！』（たま出版）という私の処女作が書店に並び始めてしまったことは勇み足だったかもしれませんが。

外務省から「定年の日まで、出版記念講演などの派手な行動を慎むように」と釘を刺されました。とりあえず、辞表は用意しましたが、提出せずに済んだのは幸いでした。

ここで提案です。

定年を機にスピリチュアル世界を全否定するのを止めませんか。確かに現役時代はその世界を招き入れると面倒なことになるのはわかります。日本の会社は「ワクワク」じゃなくて「枠々」ですからね。

人生はワクワクの連続である方が愉しいし、それを自分自身の手で掴んで欲しいのです。ワクワクはスピリチュアル世界の合言葉です。

スピリチュアルは単なる「心の世界」です。浮世を愉しむ方便ぐらいで丁度いいのです。世の中で空気と同じくらいに当たり前の存在です。77億人の最大共通項です。

定年組の男性諸君！　そろそろ目覚めましょう。女性陣はとっくに気がついていますよ。人類を最後に救うのはこの世界であることを。今のところ、スピリチュアル世界は女性たちの独壇場です。

男性の中には今更その世界に入学することを潔しとしない風潮があります。数少ない友達を減らすかもしれないなどという根拠のない恐れも持ちあわせています。

逆です。今まで縁のなかった面白い人や考え方に沢山出会えます。「新友」や「深友」をつくる大チャンスがあるのです。

もうそろそろおバカを卒業しましょう。スピリチュアルに関わると今までの自分を全否定されるようで怖い、などというたわいもない妄想にいつまで囚われているのでしょうか。この世の中、目に見えるもの見えないものに関わらずスピリチュアルでないものは何一つありません。

私自身の経験では、スピリチュアルを認識して初めて人生に参加できたとの自覚がありま す。これなしには現在の私はありません。

スピリチュアルは、世の中にあるすべての宗教を混ぜこぜにしてブレンディングして抽出 したエッセンスのようなもので、とてもわかりやすいものです。そのエッセンスとは、愛と 感謝と調和だからです。

定年後のみなさん、もう降参しましょう。早く楽になって下さい。大病に罹ったり、自分 の死が身近に感じるようになると、急に霊性に目覚める人が沢山います。それでは遅すぎる のです。何事も元気なうちがイイです。

スピリチュアルに目覚めると現役時代に罹ってしまった３Ｄシンドローム（でも、だって、 どうせ）が完治するはずです。常に言い訳を用意する生活習慣病から解放されましょうよ。

戦うことを放棄する

スピリチュアルに目覚めたためか、私にはファイティング・スピリットが不足しています。ちょっと誤解を受けそうですね。あきらめがイイと言ったほうがピンとくるかもしれません。「あきらめる」とは状況を「明らかに認める」ということで、英語のギブアップとは違います。そのやり方では上手くいかないから次の手を打つ、という姿勢で、止めるということではありません。

高校2年の夏休みに、死ぬほど勉強したら東大に合格するかどうかを真剣に考えたことがあります。答えは5分で出ました。「ノー！」でした。

文科系はともかく理数系に致命的な弱みがありました。数学は数IIBで撃沈しました。自分の実力はわかっていました。それ以前に、死ぬ気で受験勉強をしたいとは思いませんでした。

だったら、第2志望校に標準を合わせて頑張ったらイイようなものですが、当時の私はそれを受け入れるほど大人ではありませんでした。

級友たちは全員志望校を目指すために頑張っていましたが、私にはそのモチベーションがありませんでした。私は子どもの頃から頑張るのが苦手です。

東大を卒業せずにどうやって残りの人生を幸せに生きることができるか？　若気の至りですが、当時私は、東大を出ないで官庁や民間企業に就職する奴らはアホだとまで思っていました。

その私に東大卒という前提がなくなってしまいました。さてどうする？

私の結論は「闘わない人生の選択」でした。多分私は今流行りの「草食系男子」の走りだったのかもしれません。そして目指すのは「得体の知れない存在」というものでした。誰とも比較されずに、それでいてオンリーワンのポジションを得るにはどうしたらよいか？

私の人生の最初のターニングポイントでした。間違いなくこの路線を踏襲した結果が、アメリカへの逃避であり、国際連合への道であったはずです。

頑張ってはいけない

日本人の大好きな言葉の一つが「頑張る」です。何と便利な言葉でしょう。勉強、スポーツ、仕事、恋愛、あらゆる局面でとても無難でオールマイティです。

がんばれ～！

伝統的な日本文化では、この「頑張る」に特別な意味と美しさを重ね合わせようとします。箱根駅伝の5区山登りを必死に走っている選手へのほとんどの声援は、「がんばれ～」か「いけ～」のどちらかです。

幸いなことに、最近のアスリートの中に沢山の「競技を愉しもう」精神が芽生えてきたことは大歓迎です。

私の中で、「楽しむ」と「愉しむ」は違います。愉しむは決して楽をするという意味ではありません。茨の道の方が愉しい場合が沢山あります。「頑張れ」と自らを精神的に追い込むよりも、愉しむ心を持ってことに対峙すれば身体の緊張がほぐれます。ノーアウト満塁の大ピンチで「沢山の観客が僕の次の投球を固唾を飲んで見ていてくれる。なんて私は幸せ者なんだ。ありがたいね～、感謝だね～」とニコリでもしたらきっとストレートがいつもより3－4km は速いのではないかと思います。

孔子曰く「何ごとも楽しんでやりなさい。楽しんでやることで思わぬ力が発揮されるものだ」

歯を食いしばりながらことに当たるほうが成果が上がるというのは、もはや都市伝説にもなりません。若い頃に「頑張る」のは意味があるかもしれません。でも頑張っていいのは定年までです。


「頑張る」は元々「我を張る」が転じた言葉と言われています。

それでは「頑張る」の反対語はなんでしょうか？　「怠ける」ではありません。

「頑張る」の反対語は意外や意外「感謝する」なんです。自分がやったこと、やっていることを認めて感謝する。「頑張る」はまだ目の前にあることを認めない、改善の余地があるので、自分自身への要求の象徴として頑張るのです。

「頑張る」が先行する世の中はまず丸くなりません。日本が「頑張る」を錦の御旗としている間は宇宙平安に向けてリーダーにはなれません。


物事すべてが平安な時代がとてもエキサイティングかというと、それはわかりません。壮絶な人間ドラマは生まれないかもしれません。「小さな宇宙人アミ」の世界は退屈極まりないと考える人が思いの外多いみたいです。

この星で一度ぐらい「憎しみ」「奪い合い」「戦い」のない世界を経験してみたいものです。退屈かどうかは、その後に判断しましょうよ。

気分は常にH

定年後の肩書きは、素浪人、旅人、発展途上人、年金生活者あたりが一番格好イイです。それより名刺なんか要らないか。

そう、定年後は顔が名刺代わりです。

「40歳を過ぎたら自分の顔に責任を持て」とはリンカーン大統領の名言です。その頃より現在は平均寿命が20年は伸びていますから、この名言は日本では「定年過ぎたら」ということでよろしいかと。

定年後、元気に愉しく生きるためのヒントがここにあります。定年の翌日からまず手がけることは、見てくれを改善することです。残念ながら「人は見た目が90％」は基本的に正しいのです。私自身忸怩たる思いはありますが、これは受け入れましょう。

「美人は三日で飽きる。ブサイクは三日で慣れる」はウソで、「美人は三日で飽きる。ブサイクには一日もない」が本当とは。世の中はどこまで残酷なのでしょうか。

どんなに夢見てもみんながキムタクや綾瀬はるかにはなれません。それでも最大の努力を続けることは必要です。高校時代あれほどの紅顔の美少年が歳を重ねるごとに残念な姿形になることはよくあります。その一方、決してイケメンというわけではないけれど、人生の後半でとても格好良くなっている人も沢山います。俗に言う「イイ歳のとり方」ですね。

肝心なことは内面を磨くこと、心の美しさが身体ににじみ出る、という慰め的理論が横行していますが、大ウソです。外面の美しさが身体に浸透していくというのが正しいのです。もちろん、生き様が素直に身体に現れることはよくあることです。

心のスイッチはちょっとしたきっかけで入りますが、身体のスイッチはなかなか入らないのです。身体を整えれば心は整ってくるという法則を信じることです。


人はいつおっさん、おばさんスイッチが入ってしまうのでしょうか？

それは自分の口臭に気がつかなくなった瞬間です。BBS（Bad Breath Syndrome 口臭シンドローム）と勝手に命名しています。これは体臭も同じですが、自分が放つ匂いに鈍感になると一気に老け込みます。

女性が一番嫌いなものが何だか知っていますか？　答えはハゲでもチビでもデブでもありません、それは「クサイ男」です。これが一番嫌なのです。このことを理解していない男が多過ぎます。

娘さんから「パパはクサイ」と敬遠されたり、洗濯物を分けられているお父さんには心当たりがあるはずです。あれなのです。奥さんから寝室を別々にという提案が出たらまずそれが理由です。

加齢臭はしょうがないと諦めるのはどうでしょうか。それこそ努力というものです。すこしでも和らげる方法があるのですから。香水やデオドラントを使うという消極的な手段もありますが、食事を変えるなど積極的な方法もあります。腸を綺麗にできたら人生は劇的に変わります。


なぜ、諦めるのでしょうか？　それはもう異性に関心がないからです。そうでした、対象相手が同性であっても一切問題はありません。いずれにしても恋愛感情が心の中から消えたら老人まっしぐらです。この危険な兆候は定年前後に現れます。

心の中から「下心」が消えてはいけません。「恋」の下にある「心」です。異性／同性への恋愛感情と生きることに必要なエネルギーレベルには恐ろしいほどの相関関係があるのです。

そのような話をすると、どうしても日本人は隠微な方向に思いが馳せてしまいますが、品位を失っては元も子もありません。このテーマでもギラギラと脂ぎったオヤジを目指してはいけません。

年代を問わず、セクハラはとても恥ずかしい行為です。セクハラ野郎どもはまずクサイ男たちです。いい歳をして風俗店通いする定年組もクサイ男たちです。溜まったものを金で誰かに手伝ってもらい放つ行為は定年前までにしましょう。その元気は、決まっているパートナーか大人の関係を完全に維持できる相手限りとして発揮することです。

肝心なことは終生Hな気分を失わないということです。そのためには身体的、精神的修練は絶対に必要です。

胸を張り、大股で深呼吸しながら笑顔で歩くだけでOKです。時々ショーウインドーに映る己が姿に満足できるかどうか……定年過ぎたらナルシストにならなければいけないのです。そんなキザ野郎でなければ、世の中を変えることなんかできません！

Hな気分さえ保たれれば、身体中に幸せホルモンの代表格エンドルフィンやセロトニンやオキシトシンが回流するのです。この状況下で人は絶対にボケることはないのです。

第2章
定年男子よ、セクシーであれ！

(8) 2012年 厚労省第21回完全生命表より
(9) 趙 昌仁 小説『カシコギ』（サンマーク出版）より

第3章

定年男子よ、愛に生きよう！

「在日宇宙人応援隊・Narumi」

勇気を出して愛を叫ぶ

定年を迎えたら、是非お勧めしたいことがあります。それは、犬を飼うことです。犬を飼うととてもイイことが起こります。まず、散歩が生活習慣となるため一日の歩行距離が断然増えます。健康増進には歩くのが一番です。

定年組には第2の子育てとなるでしょう。大変ですがとても愉しいことです。何よりも愛おしい存在が側にいるというのは精神的にもとてもイイです。夫婦関係が冷え切ってしまっているのならなおさらです。

私がお勧めする一番の理由は、犬から「愛」の本質を学べるということです。これは大げさではありません。犬ほど愛に生きる存在は他にありません。

人間も赤ん坊の頃は存在そのものが愛です。ところが、物心がつき始めた頃から主に親から常識や固定観念を教わるようになり、邪気が備わり欲得感情に従い行動するようになります。

特に日本の親は、「正しさ」を一生懸命教えようとしますが、「愉しさ」は二の次にしてしまいがちです。

その点、犬は最初から最後まで愛に生きます。だから人間のように何十年も生きて愛を学ぶ必要がありません。人間よりはるかに短命ですが、幸せです。

あなたは仕事の中で「愛」という言葉を使ったことがありますか？

国際連合はなんとなく博愛主義に根ざした組織のように思われがちです。ところがどっこい、愛とはほぼ無縁の「費用対効果」の世界が充満しています。

私は国連在職中にいくつものプロジェクト計画書を書き上げました。スピリチュアル世界に目覚めてしまった頃、計画書に意図的に「Love」という禁断の言葉を使ってみました。予想通り、上司からも同僚からも総スカンを食いました。「お前はもはやプロではない」とまで言われました。

日本では、中高年者が愛を語れる場はほとんどありません。もし、勇気を奮って語り始めたら、反応はだいたい3つに分かれます。

1・「そのお歳で素晴らしいですね～」とバカにされる。
2・「出た！　スピリチュアルの極み」と茶化される。
3・「気持ち悪～い。私にツボを売りにくるかも」と怖がられる。

日本の悲劇的なところは、愛を真面目に語り合う場が極端に少ないことです。戦後、小学校や中学校で「愛」の居場所をなくしたのはアメリカによる日本解体政策のお陰です。日本が再び精神的にまとまることを恐れた結果です。

愛を語る時に気をつけるべきことがあります。それは熱くなり過ぎないことです。愛国は戦争、愛社は過労死、愛人は人生の破滅につながりかねません。何事にもほどほどは大切です。

これからの熟年者は100％愛に生きることができます。すべての時は黄金で、すべての時が至福です。愛は勇気も忍耐も元気も寛容も感謝もすべて含みます。宇宙の「愛の法則」はとてもシンプルです。この世に存在する物質はすべからずニュートラルなエネルギーとしてただそこに存在しているだけです。

宇宙最大のエネルギーは愛。良いも悪いもなく、すべては「愛」の中に生きているはずです。愛に生きればすべてはＯＫ、食いっぱぐれはないし、病気も近寄ってきません。

残念なことに、万物の霊長を気取る人類だけは、愛に反して生きることが可能です。だから未だかつて地球まるごとの平安な時代がやってきませんでした。

世界中いたるところで条件付きの愛だらけです。「純愛」とか「無償の愛」はいったいどこに……。

「熟年版アベンジャーズ」の目指すところはそこです。

これからの10年は「愛と恐怖」のせめぎ合いです。恐怖が勝れば、人類は必ず破滅の道を辿ります。でも最後には必ず愛が勝つことになっています。結局は愛が地球を救うことはわかっています。

『心配ないからね、君の想いが誰かにとどく明日がきっとある~♪最後に愛は勝つ~♪』(10)

日本の熟年者は世界の「烏合の衆」を愛ある「統合チーム」に変えていく度量があります。一人ひとりの力は微力かも知れませんが、決して無力ではありませんから。

徹底的に優しくあれ

日本の女性が男に一番求めるもの、それは優しさだそうです。対する男どもは優しさという言葉には妙に納得するのですが、優しさの意味がよくわかっていない節があります。

本当の優しさって何でしょう？

にんべんに憂と書いて「優」。それは、今自分の目の前にいる人の幸せを願い、その人の心に火を灯す存在となろうとする心だと思うのです。こんな一見簡単なことを地上の半分の人が出来たら、今この瞬間に世の中から戦争などというおぞましいものはなくなるはずです。世界平和は結局一人ひとりの「優しさ」の積み上げでしか達成しません。現在地球上に存在する極めて深刻な問題も同じことです。環境問題、貧困問題、食糧問題、紛争問題など、煎じ詰めれば心の問題に行き着きます。その心が優しければすべての問題は丸く収まるはずです。

やっぱり人は定年を過ぎても、頭が良くて若々しくて優しくないといけません。頭が良いといってもＩＱが高いとか勉強ができるとかとは関係ありません。知識よりも知恵、ＩＱよりも愛嬌です。

若さは外見ばかりではありません。無理な若づくりや不気味な格好は禁物です。いくつになっても心は常にフレッシュで好奇心に満ち、チャレンジ精神旺盛であって欲しいものです。

そして男は優しくなくてはいけません。優しさと強さは背中合わせです。「強くなければ生きていけない。優しくなければ生きていく資格がない」

優しさの定義は人それぞれかもしれません。伝統的な日本の男は優しさという言葉が苦手そうです。もちろん内に秘めた優しさはあるのですが、それを表面に出すことは女々しいこと、男らしくないこととされていました。特に昭和時代までは「男らしさ」とか「男気」とか「男の甲斐性」など男はこうあるべきと教育され続けました。

確かにそれが激動の戦後を元気に乗り切れた理由の一つだったのでしょう。男社会は、それなりに国の活力が保たれる仕組みだったのかも知れません。それに限界があることは今なお男社会が根強く残るアフリカ諸国の現状を見ればわかります。

今から半世紀ほど前に奇妙な現象が起こりました。当時の男の代表格・三船敏郎が、苦虫を噛みつぶしたような表情で「男は黙って○○ビール」というコマーシャルが男の「しぶさ」の象徴としてもてはやされました。ハリウッド映画『カサブランカ』のハンフリー・ボガードの演技に触発されたのではないでしょうか。

現在はせいぜい「男は黙ってクールポコ」などという軽薄短小なものに落ち着いてきました。寡黙な男が急に人気がなくなったことは歓迎したいです。

寡黙はもう時代遅れです。日本の定年組は奥さんに「愛している」とはなかなか言いません。そんなことは口に出さなくともわかっているはずとは男の言い分。女の人は口々に「言ってくれなきゃ、わかんな～い」を連発します。

言葉でなくとも思いは振る舞いによって伝わるはずですが、日本男子はどうしても照れるのですね。素直にならないように教育されてしまったのです。

定年後は照れている暇などありません。口下手や人前ではだめ、などという思い込みはいち早く捨てましょう。つまらない「思い込み」は「重いゴミ」以外の何物でもありませんから。

定年後は眠っている／眠らされている伝達力を磨くチャンスです。言語だけでなく、非言語によるコミュニケーションの愉しさを知って欲しいです。あるアメリカの心理学者が「幸せの四角形」と称して幸せを4つに分けて説明しています。愛、お金、健康の他に自己表現があると言うのです。(11)

現役中は言いたいことも言えず、イライラが募ったことでしょうから、定年後はストレートに自己表現する習慣をつけたら、きっと愉しいことでしょう。

職場の定年パーティで花束を贈られたら、速攻で自宅に戻り、長い間苦労をかけた奥さんに心からの労いの言葉にこの花束を添えるぐらいなことはやって欲しいです。この気障加減が実に大切なのです。これが「伝達力」です。

そして、チャーチルよろしく「僕の長年の業績の中で最も輝かしいことは、キミを説得して僕との結婚に同意させたことです」などとのたまえば完璧です。奥さんは一瞬あなたの気がふれたと思うかもしれませんが、用意していた離婚届けを一時棚上げにしてくれる可能性はあります。

離婚は憎しみあいから逃れる良い手段とは思いますが、やっぱり結婚したからには最後まで添い遂げる方が、豊かな余生のためにはイイはずです。高齢者の離婚は間違いなく男の寿命を縮めます。大好きなパートナーと同じ方向に向かって歩き続けることはそれだけでステキなことです。

「会社人」から「社会人」へ

過去のしがらみの大半は、常識や固定観念という場所や時代でいくらでも変わりうるものの集合体です。国の常識、社会の常識、会社の常識に縛られると「～せねばならぬ」の世界に誘われます。これはとても辛い生き方で、愉しむどころではありませんね。

定年は「需要する人」から「供給する人」に変われる絶好の岐路でもあります。まさに「会社人」が「社会人」への転換です。私も国連を定年してようやく社会人になれたという実感がありました。

定年はチャンス以外の何者でもないです。Retire はイタイやー、などと洒落ている場合ではありません。退職は大ショックと言っている輩と変わりませんから。

定年退職後、日々何をして過ごしますか?

家族とゆっくり過ごしたい。夫婦で旅行をしたい。孫と遊びたい。

今まで家族をないがしろにしていたという反省からか、定年後は家族孝行というしおらしいことを考え始めます。と言うか、拠り所が家族しか残っていないのです。

残念ながら、妻子や成長した孫がそれを望んでいるかは甚だ疑問です。濡れ落ち葉とはよく言ったものです。

定年退職金が入った途端に奥さんから離婚を切り出されてパニックに陥る残念男が後を絶たないようです。奥さんは用意周到、その時期を虎視眈々と待っていたことも知らないで。それまでの家族との在り方に問題ありと素直に認められないのですね。

「俺が誰のために汗水垂らしながら働いてきたと思っているんだ」と激昂しても後の祭りです。旦那とカミさんの人生設計に決定的な違いがあることにもっと早く気づくべきでした。ほとんどの男どもはどれほどの「バケモノ」と所帯を持っているのかを知らないのです。ある夫婦問題カウンセラーが言っています。

夫は離婚で白髪になる
妻は離婚で茶髪になる(12)

離婚後すぐに死ぬのは旦那のほうです。残念ながら奥さんから離婚を切り出されたら、そっと抱きしめ「わかった、これからは君らしく生きろ。これまでありがとう」のひと言ぐらい添えて離婚届にあっさりと判を押してあげて欲しいものです。その後一人で号泣すればイイのです。

そして、その舌の根も涙も乾かぬ間に、次のパートナーを探すぐらいの強かさを持てばイイのです。その元気がないとしたら、以って瞑すべしです。まさに、ざまあみやがれです。

話があらぬ方向に逸れましたが、要するに、定年後は自分の狂気の部分を発揮し、本物の

「愛」に生き、最後にとびっきりの笑顔で死んでゆく、というのが一番のシナリオです。とにかく、揺るぎのない覚悟を持つということです。

「愛国心」から「愛星心」へ

完全無欠の「優しさ」は「今死んでもイイ」という覚悟さえあれば持てるはずです。愛する人、愛する国のためなら死ねるということです。これは戦時中の強制的に持たされた愛国主義とは全く別のものです。

昔流の優しさは、ナショナリズムに翻弄されてしまいました。自国を守るためには、敵国の人々を殺傷することが正義とされていた時代です。今も地球のどこかで続いています。お隣の国には「愛国正義」などという恐ろしい思想さえあります。

人を殺傷するなどということは、どのような状況下にあろうとも人として最低な振る舞いです。だから神風特攻隊が敵艦に突っ込む時に「天皇陛下バンザーイ」と叫んだと誰かにとって都合の良い話をつくられてしまいました。この若者たちがいかに「愛国心」に満ち満ちていたかを記録として残したかったのですね。

本当はほぼ全員が「おかあさ～ん」と叫びながら散っていったに違いないのです。国を守るためではなく愛する人を守りたかっただけです。このような優しい心を蹂躙した当時の大日本帝国の所業は万死に値します。

この純粋な優しさの発揮どころを日本は二度と戦争などに見出してはいけません。知覧に行くということは、その誓いを新たにするということです。ですから、日本が再び戦争ができる国に変えようとするのは本当に愚かな行為です。

排他的な「愛国心」ほど怖いものはありません。それは、日本の場合、田中さんや鈴木さんはOKだけど、金さんや、スミスさんや、モハメドさん、サントスさんやマータイさんはNGということです。

これからの「優しさ」はオール地球レベルであるべきです。他人を殺してまで愛する人を守るのは正義という図式そのものを否定する必要があります。

これからは、「愛国心」から「愛星心」の時代です。

多くの宗教が優しさの本質を解いていますが、残念ながらこれまでの多くの戦争は宗教によってもたらされています。宇宙時代といわれる今日、極めて優秀な生き物が生存しているこの小さな星の中ぐらいは宇宙レベルの「優しさ」で充満されていて欲しいです。

それが夢物語と考えていない人が、この2〜3年で突如世界中に生まれ始めたという事実をご存知でしょうか。きっとこの本をここまでお読みいただいたあなたにもこの思いはあるはずです。

この連鎖がもたらす奇跡を信じてみませんか？

男子の女性化は何故

日本にはとてもユニークな現象が進行しています。日本男子、特に団塊の世代を中心に内なる女性性が一気に開花し始めているのです。人生の大半を戦いに費やした男どもが導かれるやすらぎの終着駅です。

多くの中高年が自分の身に何が起こっているのかを理解していません。男の更年期と勘違いしています。そのことをひた隠ししたくなるのはわかりますが、これは神の配剤と呼ぶべきものです。日本男子を狙い撃ちしているのです。選ばれてしまいましたね～。観念しましょう。

その上で、これからは女性中心、女性が物事をリードし、男性はそれをサポートする、という図式がベストです。経団連の集まりの半分以上が女性となることが好ましいです。

今、世界中にものすごく勘違いをした強烈なリーダーたちが次から次へと誕生し、そのすべてが自国ファーストなどを唱えています。極右政党も台頭しています。こいつらを何とか正義のハニートラップにかけて失脚させないことには、世界の緊張感は収まりません。

月に代わってお仕置きよ!

これからのトップリーダーはナヨナヨしている方が絶対にイイです。世界中で今一番ナヨナヨしているのが日本であることは間違いありません。ここで一気に女性主導の国が出来上がったら、世界平安の旗頭として万国が認めるでしょう。

「無償の愛」が代名詞となる国づくりを目指しましょう。年寄りになると所詮女性には敵わないとハッキリとわかります。せめてもう少し若いうちにこの宇宙の定理に気がつくことです。

「女性の時代」と言われ始めてから久しいですが、どうも日本ではその方向には向かっていないようです。確かに男勝りの女性が増えた感はあります。政治、役所、企業の世界はまだまだ「男社会」全盛の感は否めません。世界的にも日本女性の社会進出振りは低評価のままです。

「男なんかに負けてたまるか」の意気を持った女性政治家がそこそこ活躍をしていますが、国会議事堂はまだまだ薄汚れたオヤジたちに占拠されています。品位のかけらもない集団です。最近の国会中継を観るとうんざりします。

男と女の絶対的な違いはもはや子どもを産む能力があるかないかだけです。出産は命がけの「仕事」です。お腹にわが子を宿し、成長していく過程の心身にかかるストレスは男がどう頑張ってもわかりません。

女性は出産・子育てのために神様からの贈り物「無償の愛」を生まれながらに持っています。これは女性であれば出産経験の有無を問いません。

男は愛するものを守るために命を賭して戦うという美しい法則があります。この法則が行き場を失うと男どもは戦場へと向かいたがるのです。

これからは、

「男」が力尽くで「女」を守る時代から
「女」が無償の愛で「男」を守る時代へ
です。

女性がすべての主導権を握ったらどうなるのでしょう？　多くの男どもはきっと一笑に付しますが、一度実験的にでも地球まるごと女性に委ねてみてはいかがでしょうか。

闘争本能むき出しの男どもが国をリードする限り、世界平和のために国の軍事力を弱めていくなどという発想は沸き起こりません。ですから日本の軍事費は今なお増え続けています。アメリカに媚びへつらうための軍事費が、日本の平和を守るために必要だと信じる人は全員頭がおかしいです。万が一にもその予算で購入した中途半端な性能の武器を使おうものなら日本は終わります。

武器にも約10年の賞味期限があります。アメリカから賞味期限の切れかかった武器をせっせと買わされている日本ほど哀れなものはありません。

「定年男子」＋「草食男子」のコラボ

この国の人口形態をおさらいしてみましょう。

15歳未満が１５００万人、15歳から64歳のいわゆる就労人口が７５００万人、65歳以上が３６００万人。(13)

そして、日本には世界にも珍しい人口群があります。それは１９８７年〜２００３年にかけて「ゆとり世代」として育った２０００万強の若者たちです。現在の彼らは15歳から31歳になっています。

「ゆとり教育」は、闘争心もない根性なし、元気なし、夢も希望も持たない日本人をつくってしまったと言われていますが、本当にそうでしょうか。見方を変えてみましょう。

この若者たちの多くは、「別にあくせくして働きたくない。金は必要なだけあれば良い」「出世して責任が大きくなるのは嫌だ」「その日そのときを楽しく暮らせればそれで十分」と言い切ります。

世界的にもこれほどの「腑抜け」集団は珍しいです。学生運動で勇猛を馳せた団塊世代には受け入れがたい人間たちかもしれません。私はこの腑抜けをイイ意味で捉えようとしています。

彼らの特徴は、言われたことはきちんとするということです。しかも楽しければ、別に会社の奴隷でも構わない、という覚悟の持ち主たちなのです。

もっとすごいことは、彼らは生まれつき「戦い」「争い」「闘い」の因子を持っていないことです。とにかく優しい心の持ち主ということです。鉄板の平和主義者たちなのです。

もしこの能天気集団のパワーを結集できたとしたら、世界の平和づくりに大きく貢献できると私は確信しています。私も少し前までは「こんな日本人が国を亡ぼす」「中国や韓国の若者とは大違いだ」などと言っていましたが、それは間違いでした。彼らこそ、近代日本が産んだ類まれな「傑作」です。地球の宝と呼ぶべきです。

徴兵制度で銃を持ち、実戦訓練を受けた若者と、コンピューターゲームでバーチャルでしか戦闘を知らない若者では人生のベクトルが違って当然です。

どちらの国づくりが正しいかは議論のわかれるところですが、戦争を絶対にしないという観点から見れば日本に軍配が上がるべきです。日本の馬鹿さ加減をもう一度別視線から検証してみましょう。「平和ボケ」の意味さえ変わってくることを受け合います。

問題は、この世代が力を十分に発揮できる環境づくりを誰が担うかということです。今のままでは、「ゆとり世代」は時代に潰され、フリーターかニートあるいは「社畜」として生きるか、いずれにせよ地獄を見かねない若者が沢山出てしまいます。

「ゆとり世代」が「失敗集団」とならないためには定年組が彼らに一番ふさわしい働き場をつくることです。それぞれに培った知識、知恵、経験、技術をフルに発揮して、「ゆとり世代」が世界平和の秘密兵器となるような筋道をつくって欲しいものです。

熟年版アベンジャーズと若者ワンピースが合体すれば完全無敵の宇宙平安への使者集団へと変貌できそうです。そのテーマソングはもちろんアンパンマンマーチ。

そうだ！　嬉しんだ生きる喜び
たとえ胸の傷が痛んでも
何の為に生まれて 何をして生きるのか
堪えられないなんて そんなの嫌だ！
今を生きることで 熱いこころ燃える
だから君は行くんだ微笑んで⑭

Think Globally Act Locally

今日本で起きていることはとても深刻です。それは右＝愛国心、左＝陰謀論で対立し、その結果、不安と分裂が国を支配しかけているということです。日本の新成人たちの80％が日本の将来に悲観的だといいます。当たり前のことですが、不安が国中に充満すると良いことは起こりません。想念は必ず現実化するからです。最近流行りの「集合意識」を侮ることはできません。

コロナウイルスの怖さは、日本にさらなる分裂・分断をもたらす可能性があるということです。人心が離れ離れになってしまった国家に素晴らしい将来が待っていることはあり得ません。

このような時は、これまでいくつもの修羅場をくぐり抜けてきた熟年者が中心となり、前例のない日本再生の企画をつくることです。例えば、日本人が一斉に1分間だけ深呼吸したらどうなるでしょうか。こういう一見無邪気でばかばかしいことが大きな変化へのきっかけになり得るのです。

人間が歳を取る一番の理由は、20歳ごろをピークとして呼吸が弱くなり、酸素摂取量が減るからです。酸素の4分の1は脳に運ばれます。当然ながら歳をとれば送られるはずの酸素量が不足気味になります。それは人としての元気や活力を弱めるばかりではなく、脳の様々の疾患や機能障害を誘発します。脳が年取らないことこそ一番のアンチエイジングです。

「日本全国一斉深呼吸デー」はＳＮＳを利用すれば案外簡単に発足することができます。はじめは月に一度でいいでしょう。

「何月何日何時に日本国中の人が世の中の平安を願いながら一斉に深呼吸をして冷静（霊性）を取り戻そう」

平安な世の中を作る最短の近道は、個人の脳を平安にすることです。世界の1割の人が深呼吸を日常化するだけで、戦争は半分ぐらいにはなりうることは科学的に証明されるでしょう。

それから、時間的に一番余裕がある定年組がリードしてゴミ拾い運動を全国的に展開するなんてことも素敵です。「ゴミ拾いは夢拾い」とばかりこぞって街を綺麗にしていく。これはとても精神衛生上優れた効果があり、世の中の平安の基礎でもあります。ゴミのない街の治安が良いことは、すでに世界中の美しい街が証明しています。

日本国中に宇宙平安を祈りながらゴミ拾いをする人で溢れたらサイコーです。まさに“Think Globally Act Locally”の真髄です。できることからまず始めることです。

心の通い合う集団づくりはもともと日本の御家芸でした。日本の組織の本当の強さは敗者を切り捨てなかったことです。それを体験し、記憶しているのは定年組だけです。

この定年組の力をフルに発揮できるような仕組みが必要です。例えばＳＮＳで定年組限定の巨大なポータルサイトを作る。それから、定年組による、定年組のための、定年組のＴＶ局を開設し、定年組が心豊かに元気に生きる番組を製作したり、定年組の知恵や技術を世の中に広める活動を続けることです。

番組製作関係者、出演者、ディレクター、カメラマン、音響担当や裏方要員が全員定年組だったらとてつもない情報番組が出来上がりそうです。日本メディアの革命が起こります。視聴率に関しては何の問題もありません。

スポンサーは４０００万人の定年組ですから、食品企業や医療関係企業への遠慮が要りません。ですから本物の「健康長寿番組」が可能です。医者に殺されない方法や何故薬剤師が薬を飲まないのか本当のところを教えて頂きましょう。

「真正ＴＶタックル」ではＭＣはやはりビートたけしさんにお願いするとして、定年した無名の市民たちを招き、世界平和への思いや秘策を存分に聞くという画期的な番組です。「朝までテレビ」は「夜までテレビ」と改名し、日の出から日没まで、世の中の平安をテーマに語り尽くします。手遅れとなる前に、長老たちの知恵をデジタル経由で語り継ぐことは絶対に必要です。

(10) 1990年 KAN『愛は勝つ』より
(11) フローレンス・S・シン『幸せの四角形』より
(12) 2017年 高草木 陽光『なぜ夫は何もしないのか なぜ妻は理由もなく怒るのか』(左右社)
(13) 2020年総務省統計局 人口推計より
(14) 2001年アンパンマンマーチやなせたかし作詞

第4章

定年後ヒーローよ、日本を復活せよ！

「在日宇宙人応援隊・猪野兼士」

すべてはシナリオ通り

人類の近代史は戦争から戦争へ正に血塗られた時代の繰り返しです。日本史でも西洋史でも戦争は歴史のハイライトとも言えます。今までの人類劇場には脚本上なくてはならないものと言えそうですが、もうそろそろ別の脚本が用意されてもイイ頃かと思う次第です。現存の77億人の叡智でこれまでアンタッチャブルだった筋書きを変えるなんてとても愉しい「お志事」です。

その中にあって、一番目覚めていて、たまたま日本に住んでいる1億2000万人が最も重要な役割を果たすのは間違いありません。中でも、戦い続けてきた挙句の虚しさに陥っている4000万の定年組の出番は完全に揃っています。「24時間戦えますか?」というTVコマーシャルに発奮させられた世代です。

もう戦いは飽きた、止めようという日本全体の声を世界中に轟かせましょう。様々な感情を乗り越えて、世界中がノーサイドでイイじゃないですか。令和の時代となり、世の中が完全にシフトしているのですから。

今後人類の歴史がどのように推移したとしても、第二次世界大戦で原爆を2発も一般市民に向けて投下したことは重大な戦争犯罪として永久に記憶されるでしょう。パールハーバーがなければ広島・長崎はなかったというアメリカのロジックは近々世界から否定されるはずです。

何故日本が人類最初で、しかも唯一の原爆被災国に選ばれてしまったのでしょうか。日本人が黄色人種だから白人国に比べ落としやすかったなど諸説ありますが、私にはそこに神の残酷とも言える意志が働いたように思えてならないのです。神様の筋書きなどと言ったら犠牲者には身も蓋もありませんね。

戦争で命を落としたおびただしい数の死が無意味でなかったことを証明するためには、どうしても魂的な美徳の話に触れねばなりません。

すべてはシナリオ通りなのです。戦争という最も罪深い人間犯罪の犠牲者は、生まれながらにしてとてつもないお役目を背負って生を受けることがあります。

ひと言で申せば、次元を超えた犠牲的精神を発揮して、残された人々の覚醒を願いながら嬉々として各々の星に帰還したということです。

神様はそのことを意図して、人類救済の最終手段としてアメリカと日本にそれぞれの辛い役目を託されたのです。原爆を落とされた国・日本が、終戦と同時に落とした国アメリカにあれほど寛容でいられたのはそういうことだからです。今日に至るまで、アメリカに対して恨み言をほとんど言わないなんて日本は不思議な国です。

神様は知っていた

万が一にも次の世界大戦が起きてしまったら、数億人規模の戦死者をもたらすのは間違いありません。人類は一度終わります。

つまり第三次世界大戦は人類にとってあり得ない戦争のはずです。ところがどうでしょう。世界中の国々は今も軍事力を強化することに躍起となっています。私は軍事パレードを観るたびにゾッとします。人殺しの道具をこれ見よがしに披露するとは国家の品格も何もあったものではありません。

完全に軍隊・軍備のない国はこの地上に一つもありません。軍隊を持たない国として知られるコスタリカも、あのバチカン市国ですら戦う準備はしています。

狂気の沙汰です。

戦争で血を流さなければ平和がやってこないと思い込んでいる迷惑な存在が、いつの時代にも居続けています。戦争は人の死を数字に変えてしまう最も愚かで恥ずべき行為です。

でも、神様は知っていた。

この地上で唯一原爆の犠牲となる国が日本であれば、先の戦争を人類最後の大戦争として葬り去ることができると。でなければ、神様はこの「禁断の土地」にこれほど霊性豊かな国を創造などしなかったはずです。

この島国は住むには大変危険なところです。そこにわざわざ住むということには何か意味があるはずです。

日本列島の歴史は破壊と創造の連続です。この小さな島国が地球全体の地震の約1割を担当しているってスゴイと思いませんか。日本列島は環太平洋火山帯にスッポリと覆われているため、地面が常に揺れるのは宿命のようなものです。列島全体が活火山の頂上なのです。その上、国土のど真ん中で4つの大陸プレートがおしくらまんじゅうしているのですからたまりません。このような国はこの星では日本が唯一です。あきらめましょう。日本に住んでいるということはそういうことですから。

ある時アフリカ人に言われました。「あなたが住む東京は100年ごとに巨大地震に襲われ、街が壊滅的になるそうですね。次の大地震が何時やってきても不思議でないことに不安はないのですか？　アフリカ人には考えられないほど不幸なことです。ああ〜、かわいそうです」。あの世界一物騒な国と言われる南アフリカの人から可哀想がられたのです。

仕方がないので、日本には1億人以上の肝の据わった人間が住んでいる、と居直っています。そういうお国柄だからこそ宇宙平安という狂気の発想がよく似合うのです。これ以上の「利他の心」はありません。

令和という時代

令和の時代になりハッキリしたことは、もはや戦後は完全に終わったということです。それを全世界に知らしめるためには、75年も続いているアメリカの属国という汚名を返上することです。日本の平和は、アメリカの核の下に守られているという洗脳から解放されることです。

最近、東京裁判を巡って、その理不尽さや不公平さが様々な形で検証されています。裁判の結果、日本人は全員戦争犯罪人として永久に反省を続けるようにという洗脳を受けました。「二度とあやまちを犯しません」と誓わされました。それがずっと現在まで日米関係の基本として続いています。日本が先の戦争を仕掛けた「極悪国」の扱いのままです。本当にあやまちを犯したのは日本だったのでしょうか。原爆を落とした国が善で、落とされた国が悪って納得いきません。パンドラの箱は封印され続けたほうが良いのでしょうか？

あの戦争は、西欧列強のアジア制覇に待ったをかけた日本が孤軍奮闘アジアの平安を守ったという解釈は、現在の世界の流れの中では都合が悪いですね。危険思想と言われそうです。宇宙的視野に立っても、この考えはとてもせこいことでご法度かもしれません。

とても理不尽ですが、戦争の勝ち組のお達者クラブともいえる国際連合では日本はずっと「日陰者」として冷や飯を食らっています。いまだに「敗戦国条項」なるものが残っているのです。

列強国の核の脅威から逃れるために日本が核武装しようとしたら、世界中の反駁を買うのは必至です。だから最大の友好国の核に守ってもらう、って何か変です。しかもその友好国は過去に原爆を落としたという「実績」があるのです。

中途半端な軍事国にさせられて、展開次第では隣国を守るための防波堤の役割まで与えられてはたまったものではありません。

このままだと、したくもない戦争に巻き込まれる可能性は十分にあります。いち早く、アメリカから真の独立を果たしましょう。それも極めて穏便な形で。

戦前生まれの総人口はわずかに15%。その中で戦争を記憶している熟年組はほんの一握りとなりました。中には「生き残ってしまった」という後ろめたさを未だに抱えながら余生を送っている人がきっといます。

最後のご奉仕と思い、時代を引き継ぐ世代に「戦争は二度としてはいけない」と勇気を持って語り継いでください。身体に残された活力を全部使って、大声を上げてください。それがもしかしたら「生き甲斐」となり、思わぬ健康増進となるやもしれませんから。

日本人の矜持を取り戻す

日本が本当の独立国を目指すためには条件があります。

日本人がなすべくことは、前述の神の啓示を一人ひとりが真摯に受け止め、霊性を思い出し、真我に従い、日本人の「矜持」を取り戻すことです。

日本がこれから心豊かな国となるためには、物質的な繁栄を超えて日本人が太古の昔から大切にしている霊性、つまり「目に見えないもの」に価値を求める文化の復活が必要です。霊性の代表が愛、調和、感謝です。

これからは顕在意識より潜在意識の時代です。私たちの潜在意識の奥底に「真我」があります。つまり本当の自分です。よく自分らしく生きるという言い方がありますが、それこそが真我に従い、生きるということです。真我はすべての方法論を知っています。

日本には役割があります。もしかするとそれは「神様との約束」かもしれません。

バブルが弾けた後に日本人が失ってしまった自信をそろそろ取り戻しましょう。戦後、日本は全土が焼け跡状態からわずかな間に世界に冠たる先進工業国に登りつめたのです。恐らくその当時、日本が選択した経済復興を中心とした国づくりは間違いありませんでした。これは世界中が賞賛しています。

日本人は豊かさを求めて必死に頑張りました。そのうちに何となく日本の方向性に違和感を持ち始めた矢先にバブルが弾け、一気に坂道を転げ落ちていきました。イケイケドンドンだっただけにその反動は大きく、日本はこの20年ほどは腑抜け状態です。

2020年はこの国にとっては正念場です。東京オリンピック・パラリンピックはこれからの人類の浮沈を占う絶好の場となるはずでした。それがコロナのお陰で翌年に延期となりました。本当にたった一年でコロナが完全に収束してオリンピックを開催できるのでしょうか。しかも、そのために当初の予算をはるかに上回る巨額が投じられるのです。

私はこのウイルスは人類にとって産業革命に匹敵する変化をもたらすと考えています。産業革命は「競争社会」を生み出しました。コロナの意図することは「競合社会」の創出に違いないと希望的観測を込めて信じています。

今、日本がなすべきことは、国としての国威掲揚やプライドを示すための、つまり自国のための行動ではなく、人類全体の利益を優先する行動です。そのために、日本の感染症対策は、あくまでも「統合」を遵守し、「分断」を助長しないことを世界に示すべきです。

日本には勇気を持ってオリンピック・パラリンピックを返上し、かかる経費を今後のコロナ対策に充てるという選択肢があるはずです。1964年の東京オリンピックはその後にワクワクドキドキの時代の到来を予感させました。残念ながら、今回のオリンピックには似たような高揚感を感じられません。

日本人の矜持といっても若者層にはピンときませんね。言葉すら知らないでしょう。ここはやはり還暦オーバーの出番です。こんなに素晴らしい平和な国で、60年以上生きてきたのは奇跡みたいなものです。「もういつ死んでもイイ」くらいの気概を持って、この国の復活に一役買ってください。

それぞれの場所と時間を最大限に発揮して、この国を本物の「地上の楽園」へと駆り立てましょう。この星にある200カ国のお手本となるように。

AIの行き着く先

世は正にAI時代に突入です。便利さや豊かさを飽くなき追求した果てに、人が労働力として必要がなくなる世界を人類自らがつくり出そうとしています。

AIは端的に言えば、人類本来の営みを効率の名の下に減らしていく、つまりプロセスカットをもたらします。これを便利さの追求と呼ぶらしいのです。「無駄な」時間を大幅にカットできるということです。そもそもその時間が無駄かどうかは大いに議論の余地があります。

産業革命以降、人類はそのことに躍起となり、その技術開発を巡り、しのぎを削ってきました。便利さや豊かさが人類に幸せをもたらすと信じているからに相違ありません。であれば、今この瞬間が歴史上、人類が一番幸せなはずです。でもそのような実感は全くありません。どの時代でも、老人たちは「昔は良かった」と嘆きます。追求するものが違っているのです。

長いこと人類は「もっともっと病」に侵され続けているのです。そろそろその病を完全完治しましょう。

私はさらなるデジタル化がＡＩ開発に拍車がかかっても、世界中で日本ぐらいはその知恵を働かせ、絶妙なバランス感覚でＡＩに支配されない国を目指すと信じています。

監視や統制が当たり前の社会がそれほど居心地のよいものとも思われません。ビッグデータの行き着く先には個人情報が守られないとても嫌な時代が待っているような気さえします。中国の観光客が日本のキャッシュレス化の遅れを嘆き、それに日本人が引け目を感じることは全く必要ありません。

日本は時代遅れと揶揄されるかもしれませんが、買い物はすべからず現金でというのは正しい貨幣経済の在り方です。日本のお札が世界のどこよりも清潔であるということは誇っていいことです。「有事の円」として妙な形で重宝がられるのは困ったものですが。

これから地球は「物質の世界」から「心の世界」に移行します。すでに始まっていることです。その意味で肝心な「心」が反映しないであろうＡＩに何を望むのでしょうか。電車の中刷り広告を見ました。「ＡＩは祈ったりしない。やるのは勝つための計算だけだ！」とアニメの主人公が訴えていました。(15)

ＡＩが運転する車、ＡＩが手術する病院、ＡＩが教える学校、ＡＩが仕事をする会社……私がガンになって手術をすることになってもＡＩ手術は断り、ドクターＸを探します。

ＡＩ時代の台頭を恐れながらも苦々しく思っている世代が熟年組です。アナログからデジタルへの移行を見事に乗り切った人もいれば、そうでない人も沢山います。ＡＩ時代は確かに便利ではあるし、時間短縮もできますが、基本的に愉しいかと問われれば熟年組の多くは「ＮＯ」と言うでしょう。５Ｇの電磁波がもたらす健康被害をとても心配しています。

若者たちには生まれた瞬間からデジタル世界があり、ＡＩは単なるその延長線上にある新しい時代として受け止められるでしょう。熟年組には大きな戸惑いがあるのです。これからの日本の形への不安につながっています。

果たしてＡＩ全盛が日本伝統文化の崩壊につながらないのか。日本がこれ以上寂しい国にならないのか。日本は国として存在できるのだろうか。などなど、いらぬ心配をしているのです。

新しい時代の波を歓迎しつつ、やはり国として守るべくものは守るという姿勢が問われているのではないでしょうか。日本の伝統がＡＩに駆逐されないよう熟年世代の「匠の技」をしっかりと継承することです。その上で、ＡＩと日本伝統が上手く融合する筋道をつくっていきましょう。この操作の中心は、やはり熟年世代です。

超新日本列島改造論

ここからは、ＡＩに過剰に頼らない新しい日本の姿について語ります。

地球の全地表の０・２％しか占めないこの小さな島国に、そもそも１億人以上の人口はとても荷が重いです。

どう考えても東京圏、名古屋圏、大阪圏には人が多過ぎます。三大都市圏の人口が総人口に占める割合は２０５０年には57％になります。(16) いつ直下型大地震が来るかもしれない今日、危険分散を真剣に考えねばならないでしょう。東京に一極集中していることに伴う危うさはいろいろとあります。

その一方、急速な少子高齢化は地方の活性化を奪い去っています。大都会をちょっと離れると、多くの地方都市の駅前の有様は眼を覆うばかりです。かつて賑わった商店街がシャッター通りと化し、まるでゴーストタウンのようです。後継者もなく通りが元の活気を取り戻すことは永遠にないように思われます。

もっと田舎に行くと限界集落が待ち構えています。若者は都会に流れ、もう戻ってきません。１９７５年に大ヒットした『木綿のハンカチーフ』では、田舎を離れるボーイフレンドに「都会の絵の具に染まらないで帰って」と懇願した女性がいました。今ではその彼女も都会暮らしをしています。

戦後の日本の復興は都市化と共にありました。多くの若者たちが集団就職の名の下東京へ東京へと、中には東京で一攫千金を夢見て、あるいは東京に行けば何とかなる、など理由は様々ですがとにかく、「俺らこんな村いやだ〜」とばかりに東京へやってきました。

何もないところと疎まれ続けた田舎ですが、都会の生活に疲れ果てた人々には絶好の生活空間がそこにはあります。とりあえず素晴らしい空気、水、土がふんだんにあります。最近、田舎に移住が増えてきたのはその現われに違いありません。都会で埋没するよりは、個性を生かして地方で輝く選択をし始める人が急増しています。デジタルの恩恵でパソコン一台あれば仕事になる人が沢山います。

大都会に住むと人は多いし、電車は混むし、家は狭いしでストレス満載となりますが、オールジャパンで俯瞰してみると、快適に暮らせる土地とインフラは意外なほどに整っているのです。

そのメリットを十分に生かし、少子高齢化に敢然と対峙できる大胆な国土づくりが求められます。その中には、コンクリートジャングルに土を取り戻すという一見時代遅れな発想もあるでしょう。

「お金がなくても愉しく暮らせる」、新たに田舎暮らしを選択した人々が異口同音に語ります。住宅費、光熱費、交通費、食費、衣料費など軒並み安くなります。今の年金生活者ならば他に収入がなくても悠々と暮らすことは可能です。実際に多くの移住者が実践しています。中には移住先で外国人専用の民泊まで始めている熟年夫婦たちがいます。発想の大転換ですね。

全日本レベルで古民家や古施設を安価でリノベーションすれば、住宅事情は随分と解消されるはずです。3R（Reduce, Reuse, Recycle）の精神にも合致致します。

コミュニティーの復活

今までにないコミュニティーが全国津々浦々にできたら、きっと人口の分散化が始まり、日本全体が暮らしやすい国になること間違いありません。

コミュニティーレベルで自給自足を目指す。そこに地域通貨的な発想もイイでしょう。多くの定年組が一同に揃い、それぞれの得意分野（野菜作り、料理、工作、米作り、養殖、パン作り、チーズ作り、そば打ち、裁縫、陶器作り、などなど）を生かす。もし売上ができたらみんなで均等分けする。

様々なジャンルに精通する人が沢山集結するはずですから音楽会、映画会、ヨガ会、各種講演会・ワークショップ、農業体験会、などをドシドシやりましょう。そのコミュニティー独自の盆踊りやテーマソングが出来上がったらさぞかし愉しいことでしょう。

ＴＶ番組「やすらぎの郷」はつくるのに大分お金がかかりそうですが、この自給自足型コミュニティーならば、現存する日本の優位性をフルに発揮し初期投資はそれほどの額にはならないでしょう。

もちろん、このコミュニティーは定年組だけでは成立しません。ここでも熟年者と青年のコンビネーションが核となります。このコミュニティーは若者たちに転職、子育て／教育、起業、地域おこし、親の介護、農業、など今まで思いも及ばない発想や局面をもたらすことでしょう。

大切なことは、天に召されるその日まで愉しく暮らせること、そして順繰りに仲間を送るシステムを作ることです。そこでは孤独な老人を絶対につくってはいけません。昔ながらの日本の一番イイ「おせっかい文化」が大復活することが肝要です。

日本は世界中が羨むような手本となるイイ国になれる可能性を秘めています。国造りの中心が「お金」ではなく「心」という人類の近代史において画期的なシフトを起こせるのは、日本以外にはないだろうと思うのです。

争いのない、穏やかで、健やかで、国中が笑顔に溢れる国。もう一度生まれてきたいと思う国。坂本龍馬がかつてつくろうとした国です。日本人の大多数がそれを望んでいるはずですから、できないわけはないのです。

未来は過去の延長線上にありません。理屈は正しいけれど実行は難しいと言っている場合ではないのです。理屈が合っていればやるべきなのです。

(15) 2019年『遊☆戯王VRAINS』より

(16) 2019年総務省統計局「国勢調査」より

第5章

定年後ヒーローよ、人類を救え！

「在日宇宙人応援隊・エリカとうふ」

戦争は脳の誤作動の結果

最近の心理学者の説によると、困難な社会現象に直面すると成熟拒否の世界に陥り、その結果、人間が幼児化し歴史の逆行現象が起こるそうです。人間の防御本能が働き、幼児性が顕著になることが証明されています。

まさに2020年の年明けにそれが起こってしまいました。アメリカ大統領の命令でイランの国民的英雄が米軍によって殺害。イランは報復処置を考え、アメリカはそれにも備えがあると公表。この報復の連鎖が第三次世界大戦に発展してしまう可能性さえ各地で論じられました。

自国ファーストを掲げる、移民／難民を排斥する、国境に壁をつくる、何か都合の悪いことをされるとリベンジするなどという発想は幼児性そのものです。この大統領がいかに置かれている状況に恐れおののいているかが窺えます。不安が不安を呼び一国のリーダーとしてはあり得ない行為に及んでしまったのでしょう。

すべての戦争は脳の誤作動によってもたらされます。先の二つの世界大戦もつまるところせいぜい4～5人の愚か者が脳の誤作動を起こしたため始まってしまったことです。現在のトップリーダーたちの脳が誤作動を起こしていないことを祈るばかりです。

脳機能が狂ってしまった時の間違った決断によって戦争は引き起こされます。本来理性的な脳が培ったはずの「愛国心、宗教心、民族のプライド」を守るために人間の根源である生きる願いを断つ行為が戦争です。

どうやら、人の無意識を掘り下げていくと、最後に残るのは「誰とも争わず安心してくつろいでいたい」という思いだけのようです。

人間の脳の95％は無意識に働いています。たった5％しか意識的に動いていないのにも関わらずそこが正常に機能しなければ、人間の根源的な思いが抹殺されることはあり得ます。「生命」は肌の違い、宗教の違い、国家の違いを乗り越えて共通です。相手の命を断ってまで主張に値する主義などあるはずはないのですが。自分とは違うすべての他人を否定し、排除しようなどという行為は、脳がやられていなければ出来ない行為です。

戦争は愛する人を守るための行為で、それはとても美しい人殺しの理由になり得るのでしょうか？　それが本当であれば、自分の愛する人を守るため、間違いなく誰かに愛されている他人を平気で殺せるというのは矛盾しています。

日本にいる4000万人の熟年組が文字通りワンチームとなり、日本人全体の脳を整え、心の世界（宇宙心）を持って神の御心と御意志は愛であり、愛とは不可視、不可分のエネルギーであることを伝えることです。

なんとなく宗教じみていて嫌なのですが、これを現代ビジネス感覚で実現しようということです。簡単に言うと一人の熟練者が二人の60歳以下の若者たちを「宇宙愛ネットワークビジネス」に誘い込むという方法です。ビジネスといってもそこに金銭は一切存在しません。商品は愛と感謝と調和だけです。しかもその形は4000万通りあってよいのです。

ちょっと前に「ペイフォーワード」運動が起こりましたが、あれは意識の高い若者中心で熟年組不在だったために世界的には不発に終わってしまいました。

変態誕生

世の中を変えてきたのはいつも変態たちです。幕末の志士たちのように、時勢に応じて自分を変革してきた人たちです。残念ながら、変態はとても感じの悪い言葉となってしまいましたが、私は敢えて使っています。

第5章 定年後ヒーローよ、人類を救え！

私が初めて自分の中に変態性を感じたのは小学5年生の時です。

その美しい女性恩師は原爆を体験していました。原爆投下直後の広島の悲惨さを切々と語りかけてくれました。おびただしい数の焼死体を目にした少女が感じた恐怖と絶望は、能天気な少年にも伝わりました。

「日本は二度と戦争を繰り返してはならない。再び原爆を使うような世界であってはいけない」、間違いなく私は先生に洗脳されました。

でも、先生は忌まわしい原爆を投下したアメリカに対して恨みがましいことを一切言わなかったのです。満州開拓団の婦人たちに対するソ連軍の蛮行にはあれほど怒りを露わにしていたのに。10歳の私はそこはかとない違和感を覚えました。

そして、いつかアメリカに渡って、「お前たちのやったことは間違っている。歴史がきっとその過ちを正してくれるからな！」と言ってやると決めました。それが当時の私のでっかい「夢」となりました。

夢が叶ったのは、それから12年後のことです。

ところが多勢に無勢というか、蟷螂の斧というべきか……。

あの二つの原爆のおかげで戦争が終わり、それで多くの日本人の命が救われた、というアメリカの曲解された「正義」の前に22歳の私は完全に撃沈しました。最も身近にいた友人がこう付け加えたのです。「今度日本がアメリカに刃向かったら、もっと大きな原爆二つでおしまいさ」、嫌らしいウィンクつきでした。

１９７２年秋、カリフォルニア州の小さな街での出来事です。あの時の悔しさは生涯忘れることはありません。

あれから半世紀近くの歳月が過ぎ去りましたが、アメリカの現大統領を見ていると、国の本質はあまり変わっていないような気がします。アメリカ人の多くが未だに原爆使用を正当化しているし、広島や長崎でいったい何が起きたのかを知ろうとはしません。

過去から大切なことを学ばない国はアメリカばかりではありません。そのような国々が世界の牽引者となり続けていることに愕然とします。せっかく前の大統領が、広島の原爆式典に歴代大統領として初めて参加したばかりなのに、もったいない話です。

「相対性理論」から「変態性理論」へ

現在は地球まるごと生まれ変わりの時です。つまり地球が変態中なのです。動物なら生理生態の全く異なる幼体（幼虫）から成体（成虫）へ成長して変わることです。地球は新たな次元上昇の時期を迎え、いろいろと試されています。

それ故に地球まるごとの大混乱が起こっているのです。世界的な異常気象は単なるその一つです。それでも人類は気づこうとはしないので、ついにコロナウイルスという形で教育的指導が始まりました。この混乱を鎮めることができるのは、「大変態の編隊」だけです。「相対性理論」から「変態性理論」への時代です。

人類滅亡の道を辿るのか、それとも更なる栄光の架け橋を進むのか。地球で最も重いもの、それは「思い（想念）」です。地球を平安にするためには、人間たちの意識を変化させること、「奪い合う」意識から「分け合う愛」の意識、それを変態思想と呼びます。

地球が「愛の星」へと変態しない限り、争いごとは後を絶ちません。そこまで到達するには気の遠くなるような時間が必要かもしれません。でも誰かが始めなくてはならないのです。それも、今までとは全く違ったやり方で。この時代前例主義は全く無意味です。

ここで思い出されるのが、稀代の大変態で天才参謀と呼ばれた石原莞爾の「最終戦争論」です。大嫌いなアメリカとの戦争を断固として反対した人です。「油がね～からって戦争を始めるとは……馬鹿か！」と言ったとか言わなかったとか。

石原は「戦争はいずれなくなる」と予言しました。戦争は武器が進化することによって形を変えてきました。武器が進化し過ぎるとかえって戦えなくなるということです。(17) 人類の最終兵器だとすると、次の大戦争を止めるのはやはり日本ということになります。人類の最終兵器を試されてしまった日本。それについて恨むこともなく、自分たちの責任として反省をし続けている国。地球上にこのような国がある奇跡。

取り返しのつかない犠牲の上に、世界は「この武器は二度と使えない」と気づかされたのです。もしかすると、原爆の犠牲者は身を呈して人類史に多大な貢献を果たしたということです。犠牲者に報いるためにも「あの戦争が最後の戦争」にすることがこの国に課された役目です。

いろいろと議論が重ねられていますが、日本国憲法で世界に約束している「戦争放棄」を金科玉条として、武力を使わず大国間の揉め事を日本が取り持って最終戦争なしに世界を一つにまとめる、というシナリオです。

そのためには日本全体が変わること。世界中が冒されている「人間はそもそも戦う動物であり、戦争は避けられない」という既成概念を敢然と破ること、これこそが日本の真の仕事と心得るべきです。

そのために、まず熟年組の4000万人が世界平安を目指す変態となることです。

世界は縄文文化に学べ

最近にわかに縄文ブームが起こっていますね。紀元前13000年ごろから1万年以上続いた穏やかな時代が、不穏な時代に生きる現代人が憧れるのは当然かも知れません。

貧富の差や身分の差がなく、争いも少なかったと考えられ、現代人のほとんどが完全に失ってしまった「本当に大切なもの」に満ち溢れていた時代にわれわれが学ぶべきことは沢山ありそうです。

縄文時代より以前の旧石器時代の人々は、マンモスなどの大きな獲物を追いかけて移動を続けていました。縄文時代になると、人々は同じところで生活できる家をつくり、みんなで集まって生活するようになりました。コミュニティーの始まりです。

縄文時代の遺跡からは人々が争った形跡がほとんど発見されないと言われています。明らかに殺害されたと思われる遺体は皆無に近いそうです。

みんなが同じ生活レベルなので、食べ物を巡って奪い合いはなかったようです。肩よせながら仲良く暮らす生活が1万年以上続いたのはまさに奇跡です。「分け合えば足りる」世界がそれほど長く続いたということは、平安な世界作りは決して不可能ではないということです。


文明が進化するごとに人々は所有に固執するようになり、そのあくなき追求はついに人類に産業革命をもたらしました。それからわずか2百数十年で地球はメタメタに痛めつけられています。

環境問題は行き着くところまで来てしまった感があります。ブラジルやオーストラリアの森林火災では人間がいかに無力であるかを思い知らされました。人間のおかげで10億以上の野生動物が死に絶えたとしたら、どうこの責任をとるのでしょうか。

共通の「敵」は全く別のところにいるのに、こんな時にもアジアの同胞同士が取るに足らない理由で争っているなんて悲しすぎます。　先の二つの大戦で多大な犠牲を払いながら、人類はなおも争いを続ける構えです。狂っているとしか言いようがありません。早く日本人全員の身体に宿っている縄文時代の知恵を思い出しましょう。縄文人の優しさを取り戻しましょう。

縄文時代の物々交換はビジネスの起源のようなものですが、どうやら等価交換的な考えから始まってはいないようです。

つまり、「君の木の実で作ったネックレス、僕も欲しいな。僕がさっき作った果物ドリンクと交換してくれないかな」という形で始まったものではないらしいのです。「僕が作った果物ドリンクがとっても美味しいから是非君にも飲んでもらいたいんだ」と友達を喜ばすことから始まり、そのお返しが物々交換へと変化していったらしいのです。

日本独特の「贈り物」や「お土産」文化の起源は縄文時代に由来しているのではないでしょうか。いつの頃からか、それが「賄賂」文化へと進化してしまったのは歴史のご愛嬌でしょうか。

縄文時代は素晴らしい言語を日本に残してくれました。豊かで平和な風土は、すべての音が母音を伴うという独特な言語を生み出しました。自然音に近い言葉が日本語だそうです。

なるほど一音一音が癒しと言われる所以です。

この幸せな言葉は、縄文人が持っていたと思われる不思議な聴力とも密接に関連していたのではないでしょうか。現在でも、日本人と西欧人では耳に心地よく聞こえる周波数が違うらしいです。

日本人が自然音と認識する音が西欧人には機械音として聞こえるなんて不思議です。私にはとても霊性豊かなイギリスの友人がいますが、その彼からある日、セミの雑音はうるさくて耐えられない、と言われ大変驚いたことがあります。

カリフォルニアで巡回清掃のアルバイトをしていた時、巨大スーパーで何匹ものコオロギの死骸に出くわしました。明らかに殺虫剤が使用されていました。同僚からコオロギがゴキブリ同様の扱いを受けていると聞き、これまたビックリ。

松虫は「チンチロリン」、鈴虫は「リーンリーン」。

虫の音を「声」として認識できるのは世界中で日本人とポリネシア人だけだそうです。「静けさや岩にしみ入るセミの声」や「古池やかわず飛び込む水の音」の世界がほとんど理解できない奴らに戦いを挑むことは馬鹿なことです。

虫の音を愛でる文化は人類全体でも極めて独創的な文化であり、生きとしいけるものすべてに敬虔な姿勢を持つことは、この惑星のすべての生命と共生していくために必要です。

世界共通語が日本語だったら地球はもっと穏やかな星になる、なんて素敵な妄想に駆られたくもなります。残念ながら日本語は永久にその公用語にはなれません。慙愧に耐えません。とは言え、今日の日本語の乱れはとても深刻です。最近のやや殺伐とした国情と無縁ではないはずです。この国の真の平安への道はまず美しい日本語の復活ではないでしょうか。日本政府はこのことに真剣に取り組んで欲しいものです。教育の根幹を成しますから。「言辭柔軟　悦可衆心」

おだやかな言葉は、人の心をやさしくします。お釈迦様の言葉です。

ここにも定年組の出番があります。

「ご注文はチーズバーガーセットでよろしかったでしょうか？

コーヒーはアメリカンで大丈夫だったでしょうか？」

こういう日本語にイラついている熟年組は勇気を持って正しましょう。若者たちは知らないだけです。「美しい言葉は美しい人をつくる」という宇宙の法則を。

日本のいい加減が世界平安に

現代日本人が古代ロマンに憧れる大きな理由は、ありとあらゆる自然物に神が宿り、人間はその一員に過ぎないという自然観に魅了されるからではないでしょうか。何処にでも何にでも神の存在を感じることができれば、心の平安は自ずと訪れます。

現在、人類を最も厄介な問題に追い込んでいる理由の一つが、信じる神様の違い、というものです。自分の信じる神様が唯一正しい、という思い込みは時として大きな悲劇を生んできました。ほとんどの戦争の背後に必ず宗教が絡んでいます。聖戦と呼ばれるものはすべてそうです。

日本のYESでもNOでもない、黒白をつけない、どっちでも良いという伝統的な価値観こそ今世界が待望している「在り方」であることに、日本人が早く気づいて欲しいものです。こういう奥ゆかしい文化に後ろめたさを感じる必要はありません。

「軸を持て」とか「軸をぶらすな」という思想は、戦後日本がアメリカによって培われた洗脳のようなものです。この生き方は日本人には馴染まないのです。なぜなら日本人は西欧人と違って身体に軸を二本持っているからです。

西欧人の身体には一本体の真ん中に軸が通っています。筋骨隆々のアメリカの大リーガーのバッティングは、軸を回転してパワーでホームランを打ちます。一方、イチロー選手は身体を竹のようにしなやかに、つまり、左右の軸を臨機応変に移動させ野手のいないところにボールを運びます。

一本軸同士は必ず対立します。戦争はなくなりません。世界は今、二本軸を持った日本人の出番を待っています。世界中で腕力を使わずに喧嘩の仲裁ができるのは日本人だけです。今までの仲裁は火に油を注いでいただけです。

二本軸が基本の武道を極めた人が暴力に走ることはありません。強くなればなるほど心が優しくなっていくに決まっているのです。

左右にある軸の間には空間があります。実はこの空間は「他人のため」に存在します。日本人の人を思いやる心の所以がここにあります。日本人の「利他の精神」は生まれつきのものです。

ところが時としてこの空間に招かれざる客がやってくることがあります。二本軸故に「付和雷同」が起こることもあるのです。一番厄介なのは強制的に持たされる愛国心なるものです。一致団結が間違ったベクトルに働いた時は最悪です。そのことは太平洋戦争で日本が最も学習したことの一つです。

一本軸の大統領が自国ファーストを掲げるのは不思議なことではありません。しかし、言い出しっぺを追うように、勘違いした強力なリーダーが次々と現れることは恐ろしいことです。

日本はそのような国々とは一線を画すべきです。絶対にそれに追従してはいけません。地球目線で世の中を語る国に徹すべきです。

熟年版アベンジャーズが日本の精神性を遺憾なく発揮できれば、誰とも争うことなく宇宙の平安を築けます。

「17条憲法」の現代訳

和を重んじ、いさかいをしないように。

人はそれぞれの立場によって意見が異なるものです。

しかも、そうそう人格者がいるわけでもないので、

人間関係が悪化することもあるでしょう。

けれど、互いが歩み寄って話し合いをすれば

自然と解決していくものです。

それで解決できないことなど、ありません。

1400年前の聖徳太子の知恵に学ぼうではありませんか。

定年男子がSDGsをリード

突然ですが、SDGsという言葉を聞いたことがありますか？　コロナの影響で最近はめっきりと影が薄くなってしまいましたが。SDGsはSustainable Development Goalsの略で、日本語では「持続可能な開発目標」と訳されています、持続可能な開発のための17からなる目標と169のターゲットからなる国連の開発目標です。

簡単に言えば、貧困／飢餓、保険／福祉、教育、安全、経済成長、気候変動、平和などのグローバルな人類の課題に関して2030年までに「良い方向」に持っていくという努力目標です。

「誰一人残さないLeaving no one behind」の旗印のもと、SDGsは世界中の77億人の共通テーマとなりつつあります。残念ながら日本での認知率は西欧諸国に比べるとまだまだ低いです。

「環境＋核の脅威」vs「SDGs」の地球における覇権争いという構図が私の中にあります。

SDGsは世界平安に向けて人類が手に入れようとしている「最終兵器」となるかもしれません。

実はこのSDGsで最も力を発揮できるのが我がニッポンの定年組です。現役中に目標テーマのどれかに絡んでいたからです。その経験と知恵は、もはや人類の宝です。

驚くべくことですが、熟年者の多くが自分たちの寿命までは環境も核の脅威からも逃げ切れると信じているということです。子孫のことはどうでもいいのでしょうか。心を入れ替えましょう。

途上国に目を転じれば、地球はまだまだ異常事態が続いています。

1日1・25ドル未満で暮らす貧困層は未だに10億人

飢餓人口は8億人

AIDS／HIV陽性の数は4000万人

マラリアの年間死亡者数は50万人

紛争による死亡者は約20万人(18)

日本は1960年代の初頭までは途上国の一員でしたので、先進工業国や国際機関から沢山の援助を受けました。あまり知られていませんが、東海道新幹線、名神高速道路、黒部ダムなどは国際機関の低金利融資つまりＯＤＡの援助によって完成しました。その融資を完済したのはつい最近のことです。

援助をされる国からする国への変身は茨の道であったに違いないのですが、日本は他国に先駆け、いとも簡単にやってのけたとの印象がありますね。

その間の日本人の結束力、知恵、技術の革新が奇跡を呼び起こしました。今、日本がとても豊かで幸せな国となれたのもこの人々の「頑張り」のお陰です。

世界の深刻な問題解決には、日本の戦後70年余りの経験を途上国に伝えることが一番有効なはずです。

例えば、環境問題です。

高度経済成長のツケとして１９５０年代後半から１９７０年代に「四大公害病」が深刻な事態を迎えました。

映画『Always 三丁目の夕日』の幸せな日本の背後には当時世界にも類のない環境問題が牙をむいていたのです。

その頃の東京や川崎の空気は酷いものでした。光化学スモッグなる新語が一般化し、小学校や中学校の朝礼で生徒がばたばたと倒れ、救急車で病院に搬送されることは日常茶飯事となりました。

東京湾も酷い状態で、親父が横浜沖あたりで釣ってくるフッコ（スズキの小型）は焼くと体から重油が溶け出し、黒い煙が上がり、不快な匂いが部屋中に漂ったものです。とても食べられるような代物ではありませんでした。

それが、官民いったいの努力によって見事に克服されました。我が家近くの目黒川も汚いドブ川から多くの水鳥が戯れるほど水が復活しました。その間に投入された水質改善技術は大したものです。

環境問題に対する一般市民の意識も向上し、あれほどゴミであふれていた街が、海外からの旅行者がびっくりするほど美しく様変わりしています。ゴミの仕分け文化が見事に浸透したりして、世界レベルではとても美しい都会をつくり上げました。

一方、日本には原発事故による新たな次元の違う環境問題があります。この大問題を今後日本がどのように克服していくのか、世界中が注目しています。

3・11からの完全復活とあわせて、世界に向けて世紀のメッセージを伝える最高の舞台を日本が与えられているということです。個人として、家族として、コミュニティーとして、国として一つになるということが、どれほどの奇跡を呼び起こせるか、世界中に示すとてつもないチャンスです。

人類は今「つまらないこと」を巡って争っている場合ではない、戦争などというおぞましいことをしている場合ではない、ということをリアルタイムで発信できるのは日本をおいて他にありません。

世の中がどうしても落ち着かないのはお金を巡っての争奪戦があるからです。SDGsもお金の仕組みと意識を変えない限り目指す成果は期待できないでしょう。お金中心では、世の中が完全に平安になることはありません。

未だに錬金術やお金に関する勝ち組になるには、などのセミナーが大流行りです。名著「世界がもし100人の村だったら」によれば、平均的な日本人はまずトップ2％にはいるのに、下手に他人と比較などするから「不幸」だと決めてかかる人が大勢います。そのために頑張ることにどれほどの意味があるのでしょうか。

人間はいろいろな知恵を働かせて世の中の仕組みをつくってきました。そして、長い間その頂点に「資本主義」が君臨しています。資本主義は、生産手段の私的所有および経済的な利潤追求行為を基礎とした経済体系です。つまり限りある地球の財産の奪い合いをするというゲームです。

当然そのゲームが上手い人とそうでない人が生まれます。「勝ち組」と「負け組」が数値的にはっきりと表されてしまう世界です。この星が長い間穏やかではない一番の理由は、「金持ち」と「貧乏人」がいるのは仕方のないという前提があるからです。この前提を疑ってみましょう。

コロナショックは「お金のいらない世界」への幕開けというのは戯言でしょうか？

(17) 2009年石原莞爾生誕120年祭記念『永久平和・戦争のない世界へ 私たちのできる生活革命』参照
(18) 2019年国際連合広報センター『Sustainable Development Goals』より

第6章

定年後ヒーローと在日宇宙人

「在日宇宙人応援隊・立澤晴美」

トランプさんのお役目

トランプさんが米大統領選に勝利した時には、私の愛するアメリカは終わり、そして世界も終わってしまうという絶望的な気分に陥りました。この新大統領がマスコミを賑わすたびに気分を悪くしていたものです。

トランプさんを支えているのは岩盤層と呼ばれる何が何でも、アメリカ イズ ナンバーワンでなければ気が済まない偏狭的なグループです。国連総会で平然と「グローバリズムより愛国主義」と言い切ったこの男を頼みとせざるを得ない米国民が、我々の想像をはるかに超えるほどいるということです。あらゆるスキャンダルにも動じない屈強な支持者たちです。貧困にあえぐ白人層を筆頭に、行き場を失い自暴自棄となった人々の群れと呼ぶほうが正しいかもしれません。

しかし、これはとんでもない思い違いだったのかもしれません。

トランプさんを蛇蝎の如く嫌っていた私ですが、ある日突然見方が変わってしまったのです。単なる錯覚かもしれませんが、もしかするとトランプさんは「人類の救世主」という大役を宇宙から仰せつかっているのではないかというものでした。

見方を変えてみると、トランプさんはすでに人類史に燦然と輝く偉業を成し遂げています。

人類の近代史は戦争から戦争への繰り返しです。戦争の理由は、肌の色が違う、属する国が違う、信じる神様が違うという3つに大別できます。そんなことは誰でも知っていることですが、人類は長い間それを封印し続けてきました。人間の性として仕方のないことと諦めていました。

トランプさんの登場はそれを一変しました。彼は恐らく意図的ではありませんが、この3つのパンドラの箱を一気に開けてしまったのです。

トランプさんは極端な白人至上主義者です。有色人種を完全に見下しています。そしてアメリカだけが唯一存在に値する国で、そこに流れこもうとする外国人を排斥にかかっています。メキシコ国境に巨大な壁をつくるなどという発想は常人では湧きません。その上キリスト教以外は邪教として迫害も辞さない勢いです。

トランプさんのお陰で人類は史上初めて「異国」「異肌」「異教」という「人類の3大異」

に真面目に向き合わざるを得ないこととなりました。人類分断の元凶と真正面に向き合わない限り真の恒久平和などやってきません。

「救世主は時として『道化師』の格好をしてやってくる」って誰かが言っていませんでしたか。つまりジョーカーです。しかも名前がMr.トランプ。すべてのつじつまが合ってしまうのです。

トランプさんが「救世主」か否かはともかく、人類は今未曾有のピンチに陥っています。トランプさんに追従するリーダー、猛反発するリーダーたちが世界中に一気に出現してしまいました。しかも全員パワーゲームが大好きです。暴力的でさえあります。特に米中露にそのようなリーダーが存在していることは怖いことです。コロナショックがその流れを変えてくれることを願っています。

人類史上最大のギャンブル

どうして人間はこうも闘争好きなのでしょうか。どの国でもだいたい100年周期で人が入れ替わってしまいますから、歴史は繰り返されることは当然のことなのでしょうか。日本でも太平洋戦争を経験していない国民がすでに85%に迫り、子どもたちの多くが広島、長崎に原爆が落とされたことすら知らないという時代に突入しています。

今、世界中がきな臭くなってしまった時代に、これから日本はどのような道を目指したらよいのでしょうか。


ここからは私の爆弾発言です。こいつはバカだと思われても仕方ありませんが、拙著の外せないキモです。

私の提案は、日本がこの国に存在する最後の銃弾一発を放棄して完全丸腰となることです。人類史上最大のギャンブルと言っていいほど無謀な賭けです。

失敗すれば日本国の存亡に関わります。でも日本がこの星からなくなれば人類は遠からず全滅します。座してその時を待つのも悪くはありませんが、もっと愉しいのは「七人の侍」のように誰かのために討ち死にすることです。

何れにしてもこのまま時代が進めば、遠からず核か環境で人類終焉の日はやってきます。それを止められるのはこの地球上で唯一日本だけです。そういう役回りになっているのです。選民思想は嫌いですが、冷静に今の地球のあり様を俯瞰してみれば、この結論にしか到達しません。

「核」の場合は国と国の喧嘩の結果ですから止めようがあるはずです。確かに喧嘩の仲裁は難しく、下手をすれば火に油を注ぎかねません。ですから腕っ節の強い人に上手な仲裁役はいないのです。

日本の軍事力は世界第5位と推測されていますが、どの仮想敵国と戦っても勝てる見込みは全くありません。日本の若者が戦場で武器を持って戦う姿を想像できますか。しかもデジタル戦争においては日本の出る幕はありません。

太平洋戦争は冷静に戦力を分析したら絶対に勝てるはずのない戦争でした。でも日本は止むに止まれぬ事情とかで真珠湾を攻撃してしまったのです。それにつられ多くの日本人が神国日本という洗脳に侵され「勝てるかもしれない」という妄想に取り付かれてしまいました。集合意識の恐ろしさです。

正義のためなら敵を殺傷する行為が肯定されるのはキリスト教やユダヤ教の専売特許ではありません。日本にも戦争に美しさを見出す文化はあります。広島、長崎の原爆記念館、沖縄平和記念館、知覧特攻平和会館などはそれを全否定するために存在しています。

このような悲劇を再び繰り返すことがあっては絶対にならないことは日本人ならみんなわかっていることです。

私の愛する父親は「こんな下らない戦争で死ねるか」となんとか戦死を逃れる道を模索したようです。当時は「非国民」と呼ばれかねない行為です。でもそのおかげで私がこの世に誕生できたのです。あの時代に自分の信念にしたがって生き抜いた親父は立派な人間です。

軍事費ゼロは夢じゃない

やらない、やれない、やってはいけない戦争への準備のために貴重な財源を使うことに意味があるのでしょうか。一度「戦うことを放棄する国」の是非を問う国民投票をやってみたらどうでしょうか。間違いなく世界中が大注目します。それは日本憲法第9条で織り込み済みのはずですが、その存在を巡って日本が揺れ続いています。今一度肝心なことをハッキリさせてみたらどうでしょうか。

戦うことに一番虚しさを感じている熟年組、つまり3分の1の日本人が命がけでそのことに取り組んだら決して夢物語ではありません。

もちろん、日本には結構多くの熟年「極右」勢力が存在しますから、すさまじい抵抗に合うことは必定です。

でも何とか国民投票にまで持ち込めれば「戦争放棄」を超えて「軍事費ゼロ」の方向に向かうことは不可能ではなくなります。

国として戦わないことを選択するのは大変勇気のいることです。リスクが大き過ぎるように見えますが、これこそが日本を守りながら世界平安への旗頭となる唯一の道です。人類の歴史的ブレイクスルーを起こす道です。現存する専守防衛という姿勢に実は危うさもからくりもあることをしっかりと念頭に入れるべきです。

ここは覚悟することです。原爆を二発も落とされた国がこの覚悟を持てなくてどうしますか。アメリカの軍事的な下僕の役割を返上しましょう。

軍事費を全廃して予算はすべて緊急援助対策費に回す。いったいオスプレイ一機分でどのくらいのコロナ対策援助ができることでしょうか。

自衛隊を改組して緊急援助隊とする。世界中で起こる自然災害の被災地にこの緊急援助隊が真っ先に駆けつけて多くの人命を救う、というシステムを世界中に知らしめましょう。

その上で世界に向け高らかに「不戦国ニッポン」を宣言し、国連総会で軍事大国達と「絶対不可侵条約」を全世界の目前で締結します。日本が再び軍国主義に染まるという過去の亡霊を抱えている近隣諸国に日本の「丸腰」が本物であることを明らかにすることです。

国民投票の結果、日本は「いかなる理由があろうとも戦争に加担しない国=軍隊を持たない国=軍事費ゼロの国」となれば「世界平和」は一気に現実的になります。しかもこのような奇跡が起こせるのはこれまで述べてきたように日本しかありません。コロナはその絶好のチャンスを与えてくれています。

日本国民が一丸となればできないことはない。今までこのような狂気の発想があり得なかっただけのことです。なぜならば、いままですべての国づくりの根幹に自国を敵国から守るという前提があったからです。つまり戦いは不可避だったのです。

本当に「戦わない」という選択肢がないのでしょうか。

「うばい合えば足らぬ、分かち合えば余る。うばい合えば憎しみ、分かち合えばやすらぐ」の縄文の心に今こそ世界は学ぶべきです。

国連総会を占拠

私自身には残された時間がそれほど長くありませんが、やれることはやるつもりです。私は約27年間国際連合のお世話になり、恩義は感じています。国連にはその評価を巡って様々な意見がありますが、私は国連そのものの存在を疑うものではありません。国連は人類最大の集会場ですから、あったほうが良いです。国連諸機関の役割はサンタクロース的と揶揄されることは多いですが、それなりの貢献はしています。

国連の最終的な目的は世界中が穏やかになることです。そのためのリーダーとなることを期待されています。残念ながら現在のような仕組みではその役目を果たすことはできません。常任理事国5カ国（米中露英仏）の意向によってすべてが決められる組織にこれ以上何を期待できるのでしょうか。これら5カ国はどれも核兵器を大量に保持し、平和を語る資格がある国々とも思えません。

一方、日本は太平洋戦争で原爆を二つも落とされて、それでも一生懸命這い上がって世界有数の工業国にのし上がり、しかも極めて穏やかな国づくりを果たした国です。その国がずっと日陰の存在でいるような組織に日本国民は絶望せねばなりません。絶望的ではいけないのです。

絶望した上で、日本がいち早くすべきは、「世界平和構築の旗頭となる覚悟を持った国がここにある」とハッキリと宣言することです。

この役割は百戦錬磨の定年後ヒーローにしか務まりません。圧倒的な語学力とプレゼン能力が求められます。永田町の代表には荷が重すぎます。その彼/彼女を支えるべく選ばれた100人の定年後ヒーローの大デレゲーションが国連総会会場を占拠して、宣言を盛り上げます。

肝心なことは、そのプレゼンの中で世界が度肝を抜くような「世界平和企画案」を披露することです。前例主義を断固拒否し、今まで人類が思いもよらなかった斬新で極めて穏やかな妙案でなければいけません。この企画を立てる上で必要な資格、経験、知恵、技術、財力を持っているのは、地球上で唯一日本の定年組だけです。

プレゼンの最後は、完全無償の愛を基本とする「世界平安宣言」で締めくくられます。この宣言文は800文字以内とし、日本中から案を募集します。少なくとも50カ国語に翻訳されます。

プレゼンが行われている最中に「熟年版アベンジャーズ」があらゆる方法を駆使してこの宣言を同時に一斉配信します。1~2時間世界中のSNSを「世界平安宣言」でハイジャックするのです。このインパクトは絶大です。

UNSO（国連スピリチュアル機構）なんてどう

それでは、今後多くを期待できない国連をどのように変えていくべきか、私の秘策を聴いて下さい。

結論を先に申し上げると、新たな国連組織を日本の手でつくるということです。その役割は国連を穏やかな場に復活させることです。したがって、活動の中心は喧嘩の仲裁です。そのために腕力は絶対に使いません。あくまでも冷静に穏やかに話し合いで解決します。

組織の名前はUNSO（United Nations Spiritual Organization 国際連合スピリチュアル機構）スピリチュアル＝心の世界、心と心、魂と魂で語り合うことができれば、どのような争いも穏やかに鎮めることができるという極めてナイーブな発想です。

この組織のユニークなことは祭事ごと（フェスティバル）を活用することです。ですからUNSOはしばらくするとUFO（Universal Festival Organization）となります。世界中の紛争地に丸腰で出かけ、祭りを企画します。もちろん争いの当事国の伝統の祭りを上手に融合いたします。とにかく「お祭りをしよう」と持ちかけます。

血みどろの戦いをしている最中に「クリスマス休戦」が可能って、とても不思議な気がしませんか。そうなのです。理由さえあれば、戦争だって一時お休みできるのです。だから祭りは長ければ長いほどイイのです。年中お祭り状態で喧嘩する暇がなくなれば一番イイです。戦争よりもお祭りのほうが経済効果も高いはずですし。

アメリカではクリスマスシーズンになるとみんな優しい気持ちになって、犯罪発生率が下がると言われています。日本では1日平均300ぐらいの祭りが全国各地で開催されているそうです。案外と日本の平安はこんなことで保たれているのではないでしょうか。

さてこのUNSO設立計画ですが、そんなに簡単に実行可能ではありません。このような企てが発覚すれば必ず反対する国やグループがあります。まともなアプローチは通用しません。近隣諸国からは袋叩きに合うのが関の山です。

新たな国際秩序の設立ですからいろいろなものが必要となります。政治力、人材、知恵、技術など。そして何と言っても一番重要なものは財力です。結局、お金の力ですべてをねじ伏せることが一番の近道です。

そのお金をどのようにして作るのか。そのための常套手段として2016年にUNSO設立のためのNPOを立ち上げ、私はその理事長に就任しました。NPOの舵取りとしていろいろと考えました。

この活動を広く知らしめるために講演会やセミナーを粛々と開催しました。活動費を獲得するためにクラウドファンドを活用するなど常識的なアプローチをいくつも企画しました。ただ、それらをいくつ重ねたとしても成果に到達するまでには膨大な時間を要することはすぐに窺い知れました。私の寿命が持たないことも。

ターニングポイントはある日突然やってきました。

確かなことはわかりませんが、宇宙の何かとつながってしまったのです。軽いトランス状態に誘われた瞬間に詰問を受けました。

「あなたはまだ全然変態になりきっていない。いつまで非現実的な妄想を続けているのですか。話を簡単にしましょう。あなたはUNSO設立のためにいったいいくら必要なのですか。それがはっきりしたら具体策は自ずと生まれます。狂気の沙汰振りを今こそ発揮してください」

実は私はかなり前から UNSO 設立のためにいくら必要かを知っていました。

1兆円です！

あまりの巨額のため誰にも言わずにいました。おバカさんと笑われることを恐れていました。でも1兆円必要なのです。

小ぶりの国連組織をつくるのに1兆円も要りません。せいぜい5００億円もあれば足りるでしょう。本部は仙台にこだわっています。それでは残りの9５００億円はいったいどう使うのか。

UNSO の年間活動費を5００億円弱と踏んでいます。この数字は現実的です。9５００億円を20年で使い切ります。つまり UNSO/UFO は20年という期間限定のプログラムです。

国際機関がなぜダイナミックに活動できないかというと、財源がメンバー国の寄付で賄われているからです。どうしてもスポンサーのご意向が優先されるという不文律があり、結局政治的な動きに徹することになるのです。

この1兆円は色が付いていないお金であることが絶対条件です。特定の「国益」のためでなく「地球益」のために限られたお金は使われるべきです。

1兆円をつくる

さてこの1兆円をどのようにつくりましょうか。正気の沙汰ではないけど一番足の速い方法を一生懸命考えました。

クラウドファンドは論外でした。100万円を集めるのすら大変です。寄付をお願いするのも同じことです。万が一にも、奇特な金持ちが1億円の寄付を申し出たとしても、そのような狂った人を1万人集めなければ1兆円には到達しません。無駄な努力です。

再び宇宙メッセージが降りてきました。

「なぜ日本規模で考える。地球規模、宇宙規模で考えれば自ずと答えは一つのはずでしょう。地球だけでも77億人いるってあなたの大学講座でもやっていますよね。これ以上は自分で考えてください。とにかく急いでください」

つい先日、大学の講座で学生たちに言ったことが思い出されました。「民主主義は行き着くところまで行ってしまった。世界人口の約半分36億人の総資産と世界の大金持ちトップ26人の総資産が同じであるという異常な現実、君たちどう思う。金はあるところにはあるんだね。つまりないところにはない。これがもしかすると諸悪の根源かもしれない」

そうなのです。自ら金はあるところにはあると言っていたのです。そのあり余るところにたどり着けば、1兆円は大した金ではなくなる可能性はあります。自家用ジェットを数十億円で買ったり、宇宙旅行に総額750億円をかけて悦に入っている中途半端な金持ちではなく、ありすぎてその使い道がもう果ててしまったような、次元を超えた金持ちが対象です。

つまり、「1兆円ははした金」と言い切る金持ちに到達すればことは一気に解決です。「どうぞ私に1兆円を下さい」とお願いします。寄付ではなく頂戴するのです。しかもその見返りは約束しません。たったひと言「その1兆円であなたの名前を人類史に刻むために最善の努力を果たすことだけお誓いいたします」

これが1兆円を手に入れる最も早道で現実的な方法であるとの結論に達しました。気がつくのが遅すぎます。

1兆円はきりが良くてイイです。不思議なことですが、この話をいろいろな人にしましたが、未だかつてからかわれたことや、馬鹿にされたことがありません。それどころか、なるほどそれはいけるかもしれないと言い始める狂人が結構いるのです。本当は「お前は頭がおかしい」と言って欲しい自分がいるのですが。

最近では、自分はそのような金は持ち合わせていないが、友達の中に1兆円につながるかもしれない人を知っている、というような情報が寄せられるようになりました。だから今は会う人に奥目もなく1兆円の話をすることにしています。このままのペースで定年後ヒーロー達を辿っていけば、遠からず1兆円までたどり着くのではないか、と能天気に信じています。

地球レベルで考えると貧富の差があったりするのでお金は有限ですが、宇宙レベル（宇宙銀行）でみるとお金は無尽蔵らしいのです。ですから100ドルつくるエネルギーと1兆円を作るエネルギーはなんら差がないのです。それならば数字は大きいところから始めるのがイイですね。そうすれば、5000億円ぐらいがおずおずと恥ずかしそうに「半分ほどで大変申し訳ありませんがお役立て下さい」なんて具合にやってくるかもしれません。

アフリカ某国の女性大統領が「夢の大きさは、自分を怖がらせる大きさであるべきだ」と言っています。(19)それよりも「夢は予定」と考えたほうが俄然愉しくなります。健康には絶対イイです。

やっぱり変態は止められない。

定年後ヒーローよ、新たな夢に一緒に命を吹き込もうではありませんか！

職業は「在日宇宙人」

現在、私の名刺の肩書きは「在日宇宙人」です。「これって何ですか」とよく訊かれます。「それは私の職業です」、結構勇気が要ります。すると反応は真っ二つです。こんな気持ちの悪い人とは関わり会うのはよそうという至極まっとうな人。名刺交換すると、半歩ほど後ずさりされます。「へぇ〜、面白そうですね」と言いながら目が笑っていません。

他方、この肩書きに激しく反応する人がいます。「ヤッパリそうですか。一目見たときからあなたはプレアデスからとわかりましたよ。ちなみに私はシリウスです」などとあらぬ方向に話しが及びます。

こういう人の名刺もかなり怪しいものが多いので、話題の展開もカラフルになり、ますます怪しさ加減はエスカレートします。これはこれで愉しいのですが、私の意味するところはだいぶ違います。

先に私は世界平安の一つのアプローチとしてUNSO構想について語りました。世界平安のために今後も様々な運動が展開し、もしかすると少しは穏やかな時代が周期的にくるかもしれません。

平和の問題は突き詰めて考えるととても難しくなります。戦争がなければ平和かというとそうでもありません。貧困や差別がある限り真の平和とは程遠い地域が沢山あります。「消極的平和」に甘んじているのがほとんどです。

その中で日本は「積極的平和」を維持している数少ない国の一つです。しかし、これだけ地球規模で物騒になると、もはや一国だけの平和を維持していくことは不可能です。オール人類で平和を築き上げていく時代です。

今後どのような平和運動を展開しようとも200近くの国があり、国境がある限り地球一丸の真の平和は永久に訪れないということです。

かつて毛沢東は「戦争は流血を伴う政治である」と言いました。つまり、国があれば国益最優先となり争いは避けられないということです。その前提は「人は理由があれば人殺しもできる」ということです。だったら、その理由がなくなったらどうなるのでしょうか。

「私は何国人」などと言い続けている間は人類の見果てぬ夢、恒久平和は永久にやってこないということです。いまこそ地球規模ではない宇宙規模で状況を冷静に見つめることです。

宇宙飛行士たちがよく言っていますね。「宇宙からは国境が見えない」と。かつてちょっとだけブームになった「ボーダーレス」感覚が是非蘇って欲しいです。

地球上には現在約77億の人間が「間借り」しています。その各々のルーツを正確に辿ることができれば、先祖はきっとどこか別の星から来たに違いありません。

138億年前にビッグバンにより宇宙が誕生したと言われています。それから気の遠くなるような歳月を経て46億年前に地球が生まれました。再び果てしない時の流れの末に300万年前というほんのちょっと前に人類の祖先が現れました。

人間はアダムとイブによってつくられたという定説のようなものがありますが、おそらくその頃には数多ある宇宙人たちが地球という新しい星に飛来してきたと考える方が現実的だと思います。

第6章
定年後ヒーローと在日宇宙人

「在日宇宙人」の集い

実は「在日宇宙人」は私の前作「人類史上初 宇宙平和への野望」(廣済堂出版)のプロローグに出てきます。その言葉は私のオリジナルではないのでやや控えめに語っています。

それが、1年ほど前、カミさんと近所の蕎麦屋で食事中に例の宇宙メッセージがやってきました。

「のんきに天ぷらそばを食べている場合ではありません。あなたは何故「在日宇宙人」というスーパーフレーズに出合いながら動かないのですか？　訳がわかりません。今日のメッセージはすぐ『動け』です」

「動け」と言われてもどうすればいいのか。しばらく思案が続きましたが、カミさんが食べ残したカレー南蛮ソバを食べ始めた途端、箸がピタリと止まりました。そして、おもむろにiPhoneを取り出し瞬時に「在日宇宙人の絆」というタイトルでフェイスブックグループを作成しました。のんびり屋の私にしては極めて迅速なアクションです。

矢も盾もたまらず自宅に戻り、2週間後に「第一回在日宇宙人の集い」を開催すべくフェイスブックで参加者を募りました。こんな訳のわからぬタイトルの集まりに何人ぐらい参加してくれるのか不安だらけでした。

ところが、どうしたことでしょう。次から次へと「参加する」ボタンが押され始めたのです。そして、翌日早朝には定員2倍以上の70名に迫ってしまいました。大慌てで70名収容の会場に変更しました。

結局当日はちょうど60人が集結しました。驚いたことに半数以上が初対面です。しかも奇人、変人、超人を絵に描いたような面々ばかりでした。もしかしたらホンマものの宇宙人たちが集まってしまったのではないか。宇宙語が飛び交ったらどうしよう、などという不安が襲ってきました。少なくとも私が意図するものとは違うだろうということを覚悟しました。

ところが、ところが。

私はあらかじめ参加者は全員「在日宇宙人」という前提で、宇宙平安への秘策を披露し合う会であることを強調しました。

挙手で選ばれた19人が案の定奇妙な切り口から語り始めました。中には壮絶な過去や悪行などもあり、会場が奇妙な雰囲気に包まれました。

すると、何ということでしょう。最後の落とし所になると19人全員が異口同音に「宇宙は愛と感謝で平安に満たされる」という共通のフレーズで締めくくったのです。

奇しくも私が意図していたそのものです。私は驚きとともに感激を禁じ得ませんでした。日本は満更ではありません。一声でこれだけの変態たちが集まるのだから宇宙平安は決して絵空事ではないと思わせてくれました。

人類にとって多様性は大切です。国もあって構わないでしょう。ただ、地球は大宇宙の1ピースに過ぎないという発想は必要です。わずか160年前に坂本龍馬が土佐藩は日本の小さな一部分と言い放ったことに似ています。地球規模では地球人という発想。さらに宇宙規模では「在地球宇宙人」という発想が何よりも待たれます。

UNSOは「在日宇宙人」のリードの元「在地球宇宙人」の協力を得て設立、運営されるのが理想です。その一連のプロセスで一切の争いごとはご法度です。

「国際連合」が「地球連合」となり、国は日本の都道府県やアメリカの州のような存在となることが一番いいです。宇宙からは見えない国境という壁をなんとか宇宙人チームの叡智で取っ払ってしまいたいものです。

地球救済のために近々ホンマものの宇宙人たちがUFOに乗って大勢でやってくるという説があります。その前に自分たちの手で地球を一つの星にまとめるというシナリオのほうがずっと愉しいです。宇宙人もびっくりの「愛の星」を観ていただきましょう。

大切なことは、新たな出発をするということです。

第6章
定年後ヒーローと在日宇宙人

まずは出来ることから

結局、定年後ヒーローも在日宇宙人も徒党を組んだり、定期的な集まりがあるわけでもありません。会則のようなものもなしです。それぞれがそれぞれの場でそれぞれの裁量を遺憾なく発揮していただき、内なる平安、家庭の平安、職場の平安、地域の平安、国の平安、地球の平安、宇宙の平安を目指そうというわけです。

もし定年後、やることがなくなってしまって、悶々とした日々を送っているのであれば、世の中の「平安」のために少しの汗をかくって悪くないです。

万が一にも、「自分にはそれに貢献できるものが何もない」とお思いでしたらそれこそがとんでもない思い込みであり、ご自身に対する最大の侮辱です。出来ることはすぐそばにあるはずです。

例えば、道にゴミが落ちていれば積極的に拾う。たったそれだけのことですが、拾った瞬間に今まで感じたことのない体内の化学変化に気がつくはずです。つべこべ言わず拾うことです。ゴミ一つから見える風景が変わってくるってすごいことです。一人でやるのが恥ずかしかったら、全国に沢山あるゴミ拾いのボランティア活動に加わるのもいいでしょう。でも、お勧めはさすらいの「ゴミ拾い士」です。

それから、サービスを受けたらきちんとお礼を言うのもいいです。今時の幼稚園児はバスを降りるとき運転手さんに向かって大きな声で「ありがとうございました」と言えるのです。これおじさんとしては感激ものですよ。私もやり始めましたが、なかなか大きな声が出せません。熟年組こそ身に付けるべく素晴らしい生活習慣です。

この簡単なお礼をするかしないかでおじさんの1日は全く変わってしまうはずです。くどいようですが、もはや照れている時間は残されていませんから。どうせ暇なのですから、このように人間として本当に大切な付加価値を身につける努力を惜しまないことです。

人を癒す、和ませる、愉しませる、幸せにするというのは生まれながらに人として携えてきた最大の喜びです。その大原点に立ち戻るだけです。

現在日本の熟年者と65歳以下の若年者の人口の割合は1対2です。原則として、一人の熟年者が二人の若年者の指導教官となり本当の教育をするというのが理想です。果たして4000万人の熟年者のうち何%が指導教官としての資質を備えているのでしょうか。答えは100%です。熟年者が培った知識と経験こそが若者たちとの決定的な差ですから。どのように指導するかは個々人の裁量にお任せです。そこに愛さえあればすべてはOKです。

定年後ヒーローと在日宇宙人

今回のコロナ禍はとてつもない副産物を運んできました。コロナのお陰で日本はとても貴重な学習をしました。それは、久し振りに我々日本人は「黄色人種」であることを強制的に思い知らされたということです。

よく日本は島国で単一民族国家などと言われていますが、この国には独特の差別意識が根強く残っています。特にお隣の2カ国やアジアの同胞国に対する偏見や差別は時として眼に余るものがあります。「中国人や韓国人と一緒にするな」などと平気で宣う輩が沢山います。右翼思想か何かわかりませんが、頭がオカシイです。

その日本人がコロナ禍の初期段階で、黄色人種という理由で差別の対象となりました。おそらく若い人にはピンとこないかもしれませんが、還暦オーバーなら思い当たることがあるはずです。

私自身日本人の優秀性を大いに誇らしく思っている人間ですが、どっこい世界レベルでの日本人に対する認識はこんなものです。肌の色が違うというのは人類が長年超えられない大きな壁です。

だからコロナ騒ぎはある意味大変なチャンスです。日中韓がこれまでの恩讐を超えて、その昔にはあったはずのお友達意識を再生する絶好のタイミングです。黄色い顔をした人間同士がつまらぬ陣地とりや好き嫌いを巡って長年争うなんて本当に情けない話です。

白人たちに向かって強力な対立軸を作ることではありません。世界77億人レベルの人種差別問題を超えるために日中韓がワンチームとなることは絶対に必要です。肌の色が同じという共通認識を新たにすることから始めてみましょう。


どうなんでしょうか？　ここは国民的アイドルグループなどに一肌脱いでいただいたらどうでしょうか。それぞれの国で全国縦断ツアーを毎年本気で取り組めば、いがみ合いはある程度解消されるのではないでしょうか。ジャニーズ事務所が所属グループを上手にローテーションさせれば済む話です。韓流ブームがあったのですから日流ブームが起こせない理由が見つかりません。

そこにわけのわからぬ意地を張った政治屋集団が要らぬ介入をしてくるから一歩も前に進みませんでした。時代錯誤も甚だしいこのおバカ連中を双方の一般庶民、つまり在日宇宙人と在韓宇宙人の包囲網で葬り去りましょう。

すべて草の根レベルの話し合いを基本とすれば「じゃあ一度、竹島（韓国名・獨島）で日韓メジナ釣り大会か日韓ニューハーフ大会でもやってみましょうか」などというワイルドなアイディアに発展するかもしれません。なんでもいいから民間人の交流を絶やさないことです。日韓合同の大フェスティバルを年間行事とすることです。

その中心に日本が誇る定年後ヒーローと在日宇宙人がいるという筋書きです。戦うことを完全に放棄して、ユルユルと愉しく生きるとはどういうことかを世界中の人々に示すだけのことです。文字通り戦士だった人も企業戦士だった人も認識を新たにするだけで「愛の人」に変わることは簡単にできるという手本や見本を怒涛のように世界中に送り続けることです。

読者の中には、定年後ヒーローや在日宇宙人が何か奇想天外な方法で宇宙平安を目指すものと期待していたかもしれませんね。ご期待に添えず申し訳ありません。でもこれ以上の方法は実はないのです。地球丸ごと静かな革命を起こすきっかけづくりは、定年後ヒーローと在日宇宙人にまずはお任せしましょう。

私が変われば日本が変わる
日本が変われば世界が変わる
世界が変われば地球が変わる

地球が変われば宇宙が変わる

つまり、宇宙平安はあなた次第ということです。

最後までお付き合いいただき、ありがとうございます。

私が大学の最後の講座で学生たちに贈る言葉で拙著の締めとさせて下さい。

「世の中を平和にすることなんて自分にはできない、と思わないで下さい。自分一人が頑張ったってどうなるものではない、と思わないで下さい。平和は結局一人ひとりの思いや振る舞いの積み重ねでしかやってきません。そのために確実な方法が一つだけあります。

それは今この瞬間あなたの目の前にいる人の心に火を灯すこと。

そんな存在になって下さい」

⒆アフリカ初の女性大統領 リベリアのエレン・ジョンソン・サーリーフの名言より

エピローグ

もうすでに第三次世界大戦は始まっているという説があります。確かに第二次世界大戦後も1日たりとも世界のどこかで戦争のない日はありません。もしかすると人類の近代史において今日まで戦争が全くない日は1日もなかったのではないでしょうか。

2020年初頭、にわかに起こったコロナウイルス騒ぎは、一方で根深い人種差別が露見するという意外な展開となりました。世界は統合に向けワンワールドになれるという人類の儚い夢が泡と消えそうです。肌の色が違うというだけでこれからも血みどろの戦いを続けるのでしょうか。

ひょっとすると、人間はそもそも戦う動物という宿命を帯びているということなのでしょうか。あらゆる動物には闘争本能や生存のために相手に危害を与えるということはあります。昆虫や魚類には共食いもあります。でも哺乳類で共食いをするのはわずかです。

しかも人間ほど大勢で血みどろの戦いをする動物はこの地球上に存在しません。万物の霊長を気取っている割にはくだらない動物だということでしょうか。

戦争の後、一応反省はするようです。11月11日は日本ではほとんど知られていませんが「世界平和の日」です。この日は戦死者を1300万人を出してしまった第一次世界大戦後にもう二度と戦争はしませんという約束の証としてこの日を制定しました。国際連盟も設立されました。

でもそのわずか23年後に第二次世界大戦は勃発してしまいました。「世界平和の日」は単なる勝ち組による「戦勝記念日」だということです。その証拠にフランスあたりではこの日にこれ見よがしに大軍事パレードが繰り広げられます。

国際連合はそもそも第二次世界対戦の戦勝国による「お達者クラブ」として始まりました。人類は全くもってどうしようもない動物で永久に学習することはないのでしょうか。そうであれば私も諦めます。人間の遺伝子の中に戦う本能が組み込まれているのだということであれば仕方ありませんから。

日本で1万年続いたといわれる縄文時代は、人間はそもそも戦う動物であるという前提を見事に崩してくれていると思うのです。戦わないという選択肢がほんの僅かでも残っているのではないでしょうか。

日本にいる定年組４０００万人は世界人口77億人の０・５％です。ことを始めるには十分過ぎる人数です。間違いなく１００匹目の猿現象は起こせます。

私が何故この時代や日本を選んで生まれてきたのかを70年かけてようやくわかったような

気がしています。

私が生きる理由は「平安な地球」をつくること、そのために毎日一生懸命愉しく活きることです。

このように公言すると、もしかすると萩原は世のため、人のために役立とうとしている偉い人と思われがちですが、それは違います。

「平安な地球をつくること」は私にとって一番愉しそうなテーマだから選んでいる種目のようなものです。オリンピック選手が一番得意な種目、例えば陸上競技や水泳競技にエントリーするのと似ています。敢えて言えば、私の健康維持のためやるようなものです。超利己的な発想に基づいています。

そうなのですが、このテーマを一人で手がけるのも寂しいので、もしかすると定年を迎え燃え尽き症候群に陥ってしまった人々に声がけしている次第です。

ですから「平安な地球」に向けて在日宇宙人としてできることは何でもする覚悟はありません。でも頑張るとか必死とかいう言葉とは無縁でいたいです。ヘラヘラとユルユルと愚直にこの役割を果たそうと思います。

しかも日々の活動は時々送られてくる宇宙からのご下問に従うという変態プログラムです。訳のわからぬものに突き動かされてはいますが、邪教的なものに支配されていないことだけは断言いたします。意識は確かです。

そのためには同じ時代を共有してきた世界の宝とも云うべき定年組の先輩や、同胞のみなさんのお力が是非必要なのです。

そんなゲームに付き合ってみようかと思われた変人のあなたからの連絡を首を長くして待っています。

最後に、
定年後ヒーロー（熟年版アベンジャーズ）の生き方10か条
を添えておきます。

1・人類の浮沈は定年後ヒーローの矜持と自信と覚悟にかかっていると心得る。

2・定年後は「ただの人」となることを受け入れ、自由に愉しいことだけをする。

3・愛に生き、宇宙平安を常に祈る。

4・身体のメンテナンスを怠らず、深呼吸、口角15％アップ、ストレスフリーを生活習慣とし、ユルユルと生きる。

5・過去・未来に生きることなく、「今」「ここ」にワクワク、ドキドキしながら完全燃焼する。
6・やりたいことには果敢にチャレンジし、死ぬ前にやり残したことを後悔しない。
7・宇宙平安を目指しながら、まずは身近なゴミ拾いをする。
Think Astronomically Act Locally.
8・経験、技術、知識／知恵、財力、体力を惜しみなく宇宙平安のために差し出す。
9・死ぬ寸前まで元気でいられるよう最大限の努力をする。
10・死んだ後は「あの世」から「この世」の平安を応援する。

「在日宇宙人の絆」フェイスブックサイトはこちらからお願いいたします。
↓
https://www.facebook.com/groups/584227688620061/

「定年後ヒーロー」フェイスブックサイトはこちらからお願いいたします。
↓
https://www.facebook.com/groups/213084933171536/

萩原孝一

1950年東京中目黒に生まれる。

映画「Always 三丁目の夕日」さながら質素で幸せな少年時代を送る。

大学受験に失敗し、仕方なく席を置いた大学を学生運動のあおりで自主退学。活路を見出すため渡米。カリフォルニア州立大学、ジョージタウン大学でそれぞれ人文地理学、社会人口学で修士号を取得。

31歳で帰国後、通産省（現経産省）の外郭団体に拾われ、国際協力の世界に入門。1983～85年、JICA（国際協力事業団）の派遣専門家としてケニアに中小企業育成アドバイザーとして赴任。その後、国際連合の専門機関（UNIDO：国連工業開発機関）に採用され27年勤務する。主な仕事はアフリカでの産業興し（中小企業育成、農村開発、環境保全など）。

47歳の時、突然謎の「声」が現れ、スピリチュアル世界に強制的に誘われる。世にも稀なスピリチュアル系国連職員の誕生であった。その声に導かれるように「戦う男」から「愉しむ人」への大変身を遂げる。

プロフィール

２０１２年、定年退職を迎え年金生活に突入。
現在、世界平和を真剣に目指すための新たな国際秩序の設立を目指し、全国で講演中。
「在日宇宙人の絆」代表として、世界平和構築の切り札「団塊の世代」の覚醒に奮闘中でもある。著書に、「スピリチュアル系国連職員、吼える！」（２０１１年たま出版）、「人類史上初 宇宙平和への野望」（２０１６年廣済堂）
桜美林大学非常勤講師として「環境と経済」を担当。
一般社団法人アフリカ協会特別研究員、一般財団法人国際経済連携推進センター理事、
ＮＬＰ（神経言語プログラミング）プラクティショナー

Special Thanks

～本著完成に参考意見をお寄せいただいた方々（順不同）～

日中合作映画「純愛」、ドキュメンタリー映画「いきたひ」、
ドキュメンタリー映画「響き ~RHYTHM of DNA~」、
ドキュメンタリー映画「地球交響曲」
育成会横浜病院、池川クリニック、和太鼓千代組、
立教大学コミュニティ福祉学部、小苦樂（KOKURA）
CANBE スタープロダクション、ウェブ心理塾、
一般社団法人 アフリカ協会、日本メンタルヘルス協会、
一般財団法人 国際経済連携推進センター、Ring Link Hall、
地球人 TERRA 子屋、ガイアの学校、夢を叶える学校、
Global Peace Foundation Japan、桜美林大学 BM 群、
山の幸染め会、スピリチュアル TV、地球環境 TV、UFO 千夜一夜、
一般社団法人 i 愛 NLP 協会、在日宇宙人の絆、早川雄弁会
銀座ベルエトワール、101 キャンドルライト、 もういい会、
サステナ塾、A Future、笑いのパンデミック、たまり場ニッポン
Salon de AManTo 天人、NPO 法人 日本ニーム協会、
一般社団法人 ライフプロファイリング協会、Super Girls チームスイミー、
ほっこり笑顔拡め隊、水月ホテル鴎外荘
J ディスカヴァー

Facebook フレンド
Instagram フォロワー
Twitter フォロワー

定《てい》年《ねん》後《ご》ヒーロー

2020年8月25日　初版第1刷
2024年9月20日　初版第2刷

著　者　萩原孝一
発行人　松崎義行
発　行　みらいパブリッシング
〒166-0003 東京都杉並区高円寺南4-26-12 福丸ビル6F
TEL 03-5913-8611　FAX 03-5913-8011
HP https://miraipub.jp　MAIL info@miraipub.jp
企　画　Jディスカヴァー
カバーイラスト　Ryu
ブックデザイン　洪十六
発　売　星雲社（共同出版社・流通責任出版社）
〒112-0005 東京都文京区水道1-3-30
TEL 03-3868-3275　FAX 03-3868-6588
印刷・製本　株式会社上野印刷所
日本音楽著作権協会許諾第200626037-01号

ISBN978-4-434-27765-8 C0036

Photographer　白久雄一

Life Stylist　河面乃浬子